3ステップで混ぜるだけ！
おうち
カクテル入門

OUCHI
COCKTAIL

アルチューバーの部屋

KADOKAWA

はじめに

この本をお手に取っていただき、ありがとうございます。

『3ステップで混ぜるだけ！ おうちカクテル入門』、その名のとおり
どんな方でも！ とてもカンタンに！ おいしいカクテルが作れる本になっています。

ん？？ お酒が飲めない？？ ご安心を。
お子さんから大人まで、お酒が飲める飲めないにかかわらず、どんな方でも楽しんでいただけるようなレシピにしています。

元バーテンダーである旦那（私）が我が家の閣下（妻）に特製カクテルを
献上させていただく……、
いつもはそんな閣下との日常を動画にしているのですが、このたびすてきなご縁があって本を出版させていただくことになりました。

「バーに行けなくてもおうちでカクテルを楽しめないか？」
「お酒が飲めなくてもドリンク自体を楽しむことはできないだろうか？」
8年間のバーテンダー時代から頭の片隅にあった考えを、この本に詰め込みました。

自分で言うのも恐縮ですが、「世界一カンタンなカクテル本」に仕上がったと自信を持ってお伝えできます。

この本のカクテルたちがみなさまの日常、そして大切な人への日常に花を添えられたなら、これほど幸せなことはありません。

アルチューバーの部屋

＊レシピの分量は好みに合わせて変えても結構です。

＊20歳未満の飲酒は法律で禁じられています。

staff

ブックデザイン　松田剛、前田師秀、日野凌志、大胁菜穂（東京100ミリバールスタジオ）

カメラマン　矢野宗利

構成　遠田敬子

校閲　ぴいた

調理協力　好美絵美

マネジメント　三澤祐希　山田敬介（株式会社BitStar）

編集協力　波多野公美

編集　篠原賢太郎（KADOKAWA）

フルーツ写真　PIXTA（ピクスタ）

CHAPTER 1

世界一
カンタンな
カクテル作り

誰でも作れる"缶カクテル"から始めよう
カクテルって何?

カクテルはミックスドリンク

カクテルとは、いくつかの材料をシャカシャカしたり、混ぜ混ぜしたり、クルクルしたりして作る液体——大ざっぱに説明するとこうなるでしょう。

ちなみにNBA（日本バーテンダー協会）の定義にならうと、いくつかの材料を混ぜて作る液体を「カクテル」といい、一般的にはお酒が入っているものを指すことが多く、広い意味ではアルコールのありなしにかかわらずミックスドリンク自体をカクテルと呼ぶ——と、なります。

その歴史は古く、人類は1000年以上前から、ビールやワインにはちみつや薬草、フルーツなどを混ぜて楽しんでいたそうです。

現在のようにバーテンダーがかっこよくシェーカーをふる姿が見られるようになったのは、近代になってから。特に1920年にアメリカで禁酒法が施行されたことで、優秀なバーテンダーたちが国外に出ていったために広まったといわれています。

「酸味」「甘味」「アルコール感」の融合

カクテル（cocktail）を直訳すると「おんどりの尾」になりますが、なぜこの名前になったのかについては、鶏の羽でドリンクを混ぜていたからだとか、いえ、アルコールが含まれる飲みものを示す印だったとか、雑種（混合）の馬はしっぽを切る風習があり、そうした馬をcocktailと呼んでいたなど諸説あります。こうした説に共通しているのは「混ぜる」ということ。

基本的にカクテルは「酸味」「甘味」「アルコール感」の3つの要素から成り立っています。おなじみのジントニックは、ライムの「酸味」、トニックウォーターの「甘味」、ジンの「アルコール感」が一体となった、すばらしいカクテルです。

逆にこれら3つの要素のどれかが欠けると、カクテルとしての難度は上がります。例えばカクテルの王様と呼ばれるマティーニは、「酸味」も「甘味」もほぼ皆無に等しいので、難度は最高クラスです。

なお、ジュースをカクテルの観点から見ると、「アルコール感」という要素が抜けたぶん、砂糖＝「甘味」を多く加えられることでバランスを取っているとも考えられます。

缶カクテルは世界一カンタンなカクテル

この章では、缶サワーや缶チューハイ、スポーツドリンクなど市販のドリンクに、違うドリンクをミックスしたりスパイスなどをちょい足ししたりしてカクテルにする方法を紹介しています。

ベースになるドリンク自体がいわばカクテルとして完成されているので、ミックス材料の許容範囲は広く、分量もアバウトで大丈夫。味変による表情の違いを超カンタンに楽しめます。缶カクテルは、まさに入門者のためのカクテルなのです。

しかも、バーでは絶対に提供されません。おうちカクテルならではの楽しさを、ぜひ味わってください。

1

レモンサワー缶使用

ミントとレモンサワーのカクテル

▷ ノンアルコールあり
▷ ビルド

さっぱり

軽い

\ ノンアル /

檸檬堂
（日本コカ・コーラ）

よわない
檸檬堂
（日本コカ・コーラ

 in ミント

グラスに氷適量、ミントの葉1つかみを順に重ね入れる。レモンサワー120㎖を注いで混ぜる。

\ コレモ アリ! /
in ローズマリー

グラスに氷適量を入れ、ローズマリー1本を差し込む。レモンサワー120㎖を注いで混ぜる。

\ コレモ アリ! /
in クエン酸

グラスに氷適量とクエン酸1g、レモンサワー120㎖を入れて混ぜる。

\ コレモ アリ! /
in コリアンダーパウダー

グラスに氷適量とコリアンダーパウダー1ふり、レモンサワー120㎖を入れて混ぜる。

爽快感が
全身を
突き抜ける!

\ デキタヨー /

シトラス系のサワーは、ハーブとの相性バッチリ。バジル、タイムとも合います。ミントやバジルは、手のひらにのせて一度パシッと叩いてから加えてください。香りがいっそう立ちます。コリアンダーとカルダモンといったスパイスもおすすめです。ひとふりで、レモンサワーの風味に立体感が出ます。酸味好きの方はクエン酸を試してみてください。なお、ノンアルコールの場合も、分量と作り方は同じです。

> 甘さの中にスパイシーな
> 香りを潜ませる

2.

KANTAN

甘い
軽い

バジルと桃チューハイのカクテル

▶ ノンアルコールあり
▶ ビルド

\ノンアル/

ほろよい〈もも〉
（サントリー）

特濃ピーチサワー
（アサヒ飲料）

 in バジル

グラスに氷適量を入れ、バジルの葉4、5枚を重ね入れる。桃チューハイ120mlを注いで混ぜる。

\コレモアリ!/

in りんごジュース

グラスに氷適量を入れ、桃チューハイ80mlとりんごジュース40mlを注いで混ぜる。

\デキタヨー/

桃 とバジルの組み合わせは、食事でイタリアンに行った時の前菜から発想を得ました。それは生ハムと桃にバジルを添えた組み合わせでした。このように、料理からカクテルレシピを考えることもよくあります。一方、りんごジュースのほうは、ファジーネーブルという、ピーチリキュールとオレンジジュースのカクテルのアレンジ。オレンジをりんごに代えました。なお、ノンアルコールの場合も、分量と作り方は同じです。

13

\ノンアル/

カルピスサワー　　カルピスソーダ
（アサヒ飲料）　　（アサヒ飲料）

in ぶどうジュース

グラスに氷適量を入れ、ぶどう
ジュース60mlを加える。乳酸菌サ
ワー60mlを静かに注ぎ入れる。

\コレモアリ!/

in りんごジュース

グラスに氷適量を入れ、りん
ごジュース60mlを加える。乳
酸菌サワー60mlを静かに注
ぎ入れる。

KANTAN

3

グラスを回して
少しずつ混ぜながら
どうぞ

\デキタヨー/

乳酸菌サワー缶使用

ぶどうと
乳酸菌サワーの
カクテル

● ノンアルコールあり　● ビルド

甘い

乳酸菌サワー缶には、ぶどうやりんごのジュース
の他、桃、オレンジ、メロンなど、フルーツジュー
スならなんでもよく合います。ぜひお好きな組み合わ
せにアレンジしてください。混ぜ合わせてしまっても
よいのですが、今回はあえて2層に分けました。味変
を楽しみつつ、きれいな色のグラデーションも楽しん
では？　なお、ノンアルコールの場合も、分量と作り方
は同じです。

さっぱり 軽い

4

すだちとジンソーダの
カクテル

⊙ノンアルコールあり ⊙ビルド

\ノンアル/

+

翠ジンソーダ缶
（サントリー）

ネマ
（Cocktail Bar Nemanja）

シュウェップス
トニックウォーター
（日本コカ・コーラ）

\コレモ アリ!/

in タイム

グラスに氷適量を入れ、タイム1枝を差し込む。ジンソーダ120mℓを注いで混ぜる。

\コレモ アリ!/

in カルダモンパウダー

グラスに氷適量、ジンソーダ120mℓを入れて混ぜ、カルダモンパウダーを1ふりする。

\コレモ アリ!/

in すりおろしわさび

グラスに氷適量、ジンソーダ120mℓを入れ、すりおろしわさび1gを加えて混ぜる。

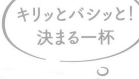

キリッとバシッと！
決まる一杯

in すだち

グラスに氷適量、すだち1個を半分に切って搾り入れ、ジンソーダ120mℓを注いで混ぜる。

\デキタヨー/

家に余っていたすだちをジンソーダに加えたら、うなるほどおいしかったので、ここでご紹介を。ジンは複数のスパイスを加えて造られるので、スパイシーな香りがよく合います。なかでもカルダモンとわさびはおすすめです。わさびはチューブより生がよく、少しだけすりおろしてみたり、わさびの切り口をグラスの縁にこすりつけたりすると、より辛さが引き立ちます。なお、ノンアルコールの場合は、ジンソーダをノンアルコールジン20mℓとトニックウォーター120mℓに代えてください。

5 ゴクゴク

軽い

ハッカあめと ハイボールのカクテル

▷ ノンアルコールあり　▷ ビルド

\ ノンアル /

角ハイボール缶
（サントリー）

香り華やぐ
ハイボールテイスト
（アサヒ飲料）

in ハッカあめ

グラスにハッカあめ7〜10
個を入れ、氷適量をふたを
するようにのせる。ハイボー
ル120mℓを注ぐ。

\ コレモアリ! /
in すりおろししょうが

グラスに氷適量、すりおろししょう
が1gを入れ、ハイボール120mℓを
注いで混ぜる。

\ コレモアリ! /
in オレンジの皮

グラスに氷適量、ハイボール
120mℓを入れて混ぜる。オレン
ジの皮を小さくそぎ取り、押し曲
げて精油を飛ばす（香りづけ）。

\ コレモアリ! /
in ブラックペッパー

グラスに氷適量を入れ、ハイボール
120mℓを入れて混ぜ、ブラックペッ
パーを1ふりする。

ハッカと炭酸の
相乗効果で
後味すっきり!

\ デキタヨー /

　ハッカあめハイボールは、初めはハイボール、時間が経つ
とハッカあめという、2つの味が味わえます。あめはグラ
スの一番下に沈むように氷でふたをし、ハイボールを注ぎ入
れてください。そうしないと、口元にあめが浮いてきて飲みに
くいです。いつも飲んでるハイボールで、今日は少し遊んで
みませんか？　なお、ノンアルコールの場合も、分量と作り方
は同じです。

軽い KANTAN .6

赤唐辛子＆シークヮーサーと プレーンチューハイのカクテル

⊙ ノンアルコールあり　⊙ ビルド

＼ノンアル／

こだわり酒場の
タコハイ
（サントリー）

ウィルキンソン
タンサン
（アサヒ飲料）

すっぱ辛の
刺激に心も体も
燃えてくる

＼コレモ アリ！／

 青じそ＆紅しょうが

グラスにクラッシュアイス適量、青
じそ4枚、紅しょうがの薄切り4枚、
紅しょうが汁大さじ1を入れ、プ
レーンチューハイ120mℓを注いで
混ぜる。

＼コレモ アリ！／

in すりおろししょうが＆
オレンジママレード

グラスにクラッシュアイス適量、す
りおろししょうが1g、オレンジママ
レード大さじ1を入れ、プレーン
チューハイ120mℓを注いで混ぜる。

＼コレモ アリ！／

in レモン＆ライム＆
ミント

グラスにクラッシュアイス適量、レ
モンの薄切り1、2枚、ライムの薄切
り1、2枚、ミントの葉1つかみを順
に重ね入れる。プレーンチューハイ
120mℓを注いで混ぜる。

in 赤唐辛子＆
シークヮーサー

グラスにクラッシュアイス適量、
種を取った赤唐辛子2本、4等
分に切ったシークヮーサー2切
れを搾り入れ、プレーンチュー
ハイ120mℓを注いで混ぜる。

＼デキタヨー／

お いしく作るうえで絶対はずせないコツは、クラッシュアイス
を使うこと。温度がグンと下がり、キリッと引き締まることに
よって、淡白な味がより冴えわたります。赤唐辛子とシークヮー
サー入りは、食前酒はもちろん、食中酒としても最高！ レモンと
ライムを加えるときは、どちらかでグラスの縁をこすると、いっそ
うさわやかになります。なお、ノンアルコールの場合はにがり塩
1gを加えます。その他の分量と作り方は同じです。

17

in 青じそ

グラスに氷、青じそ4枚を順に重ね入れる。梅酒ソーダ120㎖を注いで混ぜる。

マイルドな梅干しっぽさが後を引く！

\ノンアル/

ほろよい
〈梅酒ソーダ〉
（サントリー）

のんある気分
〈梅酒サワー
ノンアルコール〉
（サントリー）

\デキタヨー/

梅酒に青じそ…これは完全に私の好みです（笑）。少し梅干しっぽく感じるかもしれません。苦手な方には申しわけないです。飲みやすくておすすめなのは、ローズや桜のシロップ入りです。花束のようにフローラルな感じがソーダによってさらに増します。なお、ノンアルコールの場合も、分量と作り方は同じです。

\コレモアリ!/
in ローズシロップ

グラスに氷適量、ローズシロップ10㎖、梅酒ソーダ120㎖を入れて混ぜる。

\コレモアリ!/
in クエン酸

グラスに氷適量、クエン酸1gを入れ、梅酒ソーダ120㎖を注いで混ぜる。

\コレモアリ!/
in 桜シロップ

グラスに氷適量、桜シロップ10㎖、梅酒ソーダ120㎖を入れて混ぜる。

7 KANTAN

【梅酒ソーダ缶使用】

青じそと梅酒ソーダのカクテル

▶ノンアルコールあり　▶ビルド

さっぱり　軽い

マスカットチューハイ缶使用

ライムとマスカット チューハイのカクテル

▶ ノンアルコールあり　▶ ビルド

さっぱり　軽い

ライムを
加えれば
あっという間に
バーの味!

\ノンアル/

ほろよい
〈白ぶどう〉
(サントリー)

ノンアルで
ワインの休日〈白〉
(サントリー)

in ライム

グラスに氷適量を入れ、ライム1/8個を搾り入れる。マスカットチューハイ120mℓを注いで混ぜ、お好みでライムの輪切りやくし形切りを飾る。

\コレモアリ!/
in サイダー

グラスに氷適量、サイダー60mℓ、マスカットチューハイ60mℓを入れて混ぜる。

\コレモアリ!/
in グレープフルーツ ジュース

グラスに氷適量、グレープフルーツジュース40mℓ、マスカットチューハイ80mℓを入れて混ぜる。

\コレモアリ!/
in ミント

グラスに氷適量、ミント1つかみを順に重ね入れる。マスカットチューハイ120mℓを注いで混ぜる。

\デキタヨー/

　マスカットの香りのなかで今回は「さわやかさ」に注目。ライムもミントも、グレープフルーツジュースも、そのさわやかさを引き出す役目をします。サイダーを選んだのは遊び心から。大人のカクテルもいいですが、たまには子ども心や懐かしさを感じるお酒もありのではないでしょうか。なお、ノンアルコールの場合も、分量と作り方は同じです。

\コレモ アリ!/
in ジンジャーエール
グラスに氷適量、ジンジャーエール40㎖、巨峰チューハイ80㎖を入れて混ぜる。

\コレモ アリ!/
in 紅茶
グラスに氷適量、紅茶40㎖、巨峰チューハイ80㎖を入れて混ぜる。

\コレモ アリ!/
in カシスシロップ
グラスに氷適量、カシスシロップ5㎖、巨峰チューハイ120㎖を入れて混ぜる。

in オレンジ
グラスに氷適量、オレンジの輪切り2枚を順に重ね入れ、巨峰チューハイ120㎖を注いで混ぜる。

巨峰チューハイ缶使用

オレンジと
巨峰チューハイの
カクテル

▷ ノンアルコールあり　▷ ビルド

甘い　軽い

\ノンアル/

ほろよい〈グレープ〉（サントリー）

ノンアルでワインの休日〈赤〉（サントリー）

\デキタヨー/

オ レンジ、ジンジャーエール、紅茶、カシス、どれも赤ワインと相性がいいです。同じぶどうを原料にしている巨峰チューハイにも合うんじゃないかと思い、作ってみました。もしあれば試しに、赤ワイン5㎖を入れてみてください。ちょっぴり大人のチューハイになりますよ。
なお、ノンアルコールの場合も、分量と作り方は同じです。

オレンジに誘われてスペインバルにいる気分

涼やかで
気品のある
東洋の香気を味わう

ソルティライチ
（キリン）
荔枝酒（キリン）

ソルティライチ
（キリン）
フレグラントライチ
（ダヴィンチグルメ）

 グレープフルーツ
ジュース

荔枝酒20mℓを入れ、ライチド
リンク60mℓ、グレープフルー
ツジュース20mℓを加える。ト
ニックウォーター30mℓをできる
だけ静かに注ぎ、氷適量を加
える。軽く混ぜたあと、ブルー
シロップ1滴をたらす。

10

ライチドリンク使用

ライチドリンクと
荔枝酒のカクテル

▶ ノンアルコールあり　　▶ ビルド

 さっぱり　軽い

＼デキタヨー／

ラ イチドリンクの清涼感と
ライチのお酒である荔
枝酒［ライチチュウ］。合わな
いわけはありません。そのまま
でもおいしいのですが、最後
にブルーシロップを。美しい
青色と爽快な味にいやされま
す。お好みでコアントロー5mℓ
を入れるのもおすすめです。
なお、ノンアルコールの場合
は、荔枝酒をライチシロップ
10mℓに代え、ライチドリンクを
70mℓにします。他の分量と作
り方は同じです。

グレイグース
ウォッカ
（バカルディ
ジャパン）

＋

C.C. レモン
（サントリー）

ノンアル

C.C. レモン
（サントリー）

飲みつつ語り
青春時代を
懐かしむ

in ミント

グラスに氷適量を入れ、ミントの葉1つかみを重ね入れる。8等分に切ったライム2切れを搾り入れて、ウォッカ20㎖、レモンソーダ100㎖を注いで混ぜる。

11.

さっぱり

軽い

レモンソーダ使用

ウォッカと
レモンソーダの
カクテル

- ノンアルコールあり
- ビルド

\デキタヨー/

青春の味、レモンソーダを大人仕様にしてみました。レモンソーダは甘味があるので、ライムとミントでキリッと締めています。ストロー2本を差しているのは、氷詰まりをなくすためや見た目を華やかにするため。カップルでお飲みになられるかは…お任せします（笑）。ウォッカを抜けば、子どもでも作って飲めます。なお、ノンアルコールの場合は、ウォッカを除き、レモンソーダを120㎖にします。他の分量と作り方は同じです。

休日の昼に
飲みたい…
軽くやさしい味

**in ライム＆
青りんごシロップ**

グラスに氷適量を入れ、8等分に切ったライム2切れを搾り入れる。青りんごシロップ15㎖、白ワイン25㎖を加えて混ぜる。サイダー80㎖を注ぎ入れ、好みでライムの半月切りを飾る。

三ツ矢サイダー
（アサヒ飲料）

コノスル
ビシクレタ・レゼルバ
リースリング
（スマイル）

＼ノンアル／

三ツ矢サイダー
（アサヒ飲料）

ノンアルで
ワインの休日〈白〉
（サントリー）

＼デキタヨー／

サ イダーの名前は、フランスのりんご酒であるシードルから来ています。そのイメージから青りんごシロップを加えてみようと思いました。そこからが連想ゲームで、ライム、白ワインへ。どれも相性バッチリです。ライムをレモンやすだちなど好きな柑橘に代えて遊んでみるのも楽しいですよ。なお、ノンアルコールの場合は、白ワインをノンアル白ワイン40㎖に代え、サイダーを70㎖、青りんごシロップを10㎖にします。他の分量と作り方は同じです。

12.

KANTAN

さっぱり

軽い

サイダー使用

白ワインとサイダーのカクテル

▷ノンアルコールあり ▷ビルド

カクテルの材料と作り方

🍸 カクテルの4大スピリッツ

　カクテルはミックス飲料なので、どんなお酒が入っているのかわからないかもしれません。カクテルのベースとして最も多く使われるお酒は、ジン、ウォッカ、ラム、テキーラの4種。これらは世界の4大スピリッツと呼ばれています。

　スピリッツとは蒸溜酒のこと。火の力を使って、元のお酒を気体にし、冷やしてまた液体にすることによって得られる、よりアルコール度数の高いお酒です。例えばワイン（醸造酒）を蒸溜すると、ブランデー（蒸溜酒）になります。

ジン Gin

カクテル入門者がまず購入したい一本

　ジントニック、ジンフィズでおなじみのスピリッツです。ジュニパーベリー（西洋ねずの果実）をメインとするボタニカル（香草や薬草）を加えて蒸溜されるのが特徴で、原料にはいろんな穀物（大麦やライ麦、とうもろこしなど）を使います。

　針葉樹を思わせるさわやかな香りが特徴で、無色透明、切れ味のよいその味は、カクテルのベースとして非常に人気です。ちなみにアルコール度数は40〜50％。

　ジンの種類には、ロンドン発祥のドライジン、オリジナルに近く濃厚なオランダのジュネヴァジン、ストレートで飲むのに適したドイツのシュタインヘーガー、甘口のオールドトムジンがあります。このなかで一番スタンダードであり、カクテルのベースとして広く利用されているのが、ドライジンです。

　近年は山椒やゆずなど、日本独特のボタニカルで風味づけをした国産のクラフトジンも人気があります。

ウォッカ Vodka

クセのなさがカクテルのベースに最適

　ウォッカといえばロシア。その起源を巡ってポーランドが異議申し立てをし、バルト海周辺諸国でも生産されているとはいえ、バラライカ（⇒P140）やモスコミュール（⇒P139）という名のカクテルがあるほど、一大生産国のロシアとウォッカの結びつきは強いものです。

　ウォッカは麦やじゃがいもなどの穀物だけではなく、ぶどうなども使ったりと原料の幅が広いです。一番の特徴は白樺の活性炭で濾過すること。それによって、無色透明、すっきりとしたクセのない風味になります。

　こうしたレギュラータイプのウォッカはカクテルのベースに最適とされ、この本でもウォッカベースのカクテルを数多く取り上げています。

　ウォッカの生産国は、今やロシアや東欧にとどまらず、アメリカ、スウェーデン、フランスなど世界各地に広まっています。なかでもアメリカは生産も消費もトップです。

　なお、香りづけをしたフレーバーウォッカもあり、その代表格はポーランドのズブロッカです。桜もちのような香りが特徴です。

カクテルの材料はたくさんありますが、ここでは利用頻度の高い4つのスピリッツ（蒸溜酒）を取り上げます。また、作り方の手法はわずか4つ。数は多くありませんが、それだからこその奥深さがあります。

ラム Rum

カクテルにはホワイトラムがおすすめ

　ラムはサトウキビの産地ならどこでも造られており、世界に4万銘柄以上が存在するといわれています。原料は言うまでもなくサトウキビ。砂糖を作ったときに余る「糖蜜」を利用して作られます。この糖蜜から造られるラムはトラディショナルラムと呼ばれ、ラム生産の8割を占めます。

　ラムは色によって、ホワイトラム、ゴールドラム、ダークラムに分けられます。

　ホワイトラムは、蒸溜後にステンレスタンクで休ませ、加水して瓶詰めされたもの。無色透明でクセがなく、カクテルベースとして、ラムのなかでは最も使いやすいタイプです。

　ゴールドラムは2年ほど樽熟後、瓶詰めされたもの。淡い琥珀色をしています。

　3年以上樽熟されたラムは褐色を呈し、芳醇な香りとコクが生まれます。これがダークラムです。カクテルベースにもされますが、ロックやストレートで飲むのに向いているお酒です。

テキーラ Tequila

マルガリータのベースとして有名

　テキーラは長いことメキシコ国内で飲まれてきた地酒でした。それが突如、世界の表舞台に出てきたのは、1949年、テキーラベースのカクテル、マルガリータが全米カクテルコンテストで入賞したのがきっかけです。その後、1968年のメキシコオリンピックによって、その存在は世界中で広く知られ、1972年にはローリング・ストーンズのヴォーカル、ミック・ジャガーがテキーラベースのカクテル、テキーラ・サンライズを気に入ったというニュースとともに、人気に火がつきました。

　テキーラの原料はブルーアガベ（リュウゼツランの一種）。これを加熱して汁を搾り、発酵後蒸溜します。

　テキーラは、ワインやシャンパーニュ同様、原産地呼称で保護され、テキーラ規制委員会による厳しい基準をクリアしないとテキーラとは名乗れません。

　蒸溜後、熟成させずに瓶詰めされたものはブランコまたはシルバーと呼ばれ、無色透明でカクテルベースにもよく使われます。樽熟の段階によって色が濃くなり、長期熟成させると、上品で落ち着いた味わいが生まれます。

\ 他にもいろいろ /

　カクテルに使えるお酒は4大スピリッツ以外にもたくさんあります。ウイスキーやブランデー、ワインや日本酒のように身近なものから、多彩なフレーバーがあるリキュールまで。好きなお酒でどうぞ。

🍸 リキュールとは？

　スピリッツにフルーツやハーブなどの香りを漬け込むなどして移し、甘味を添加したお酒です。香味成分から、コアントローなどの果実系、マリブなどの種子系、カンパリなどの薬草・香草系、アイリッシュクリームなどのその他特殊系があります。

カクテルの材料と作り方

▼ カクテルの作り方

　カクテルの技法のなかで一番よく使う4つをご紹介します。カクテルは混ぜ方によって味わいに違いが生まれます。もちろん作る人の「手」によって

も…。そこがカクテルのおもしろさです。まずはあまりテクニックを必要としないビルド、ブレンドから始めてはいかがでしょう。

ビルド Build
スプーンで軽く混ぜるだけ

　英語の意味は「建物を建てる」です。その意味どおり、グラスの中に直接材料を入れ、混ぜることによって味を作り上げます。初心者でも手軽にできるやり方なので、まずはここから入ってください。

　特にソーダを使うときのポイントは、スプーンで下から持ち上げるように混ぜることです。グラスに氷を先に入れ、その次に材料を加えて混ぜるのが一般的です（右の写真）。しかし、この本ではあえて氷を後から入れて炭酸を残すスタイルも多く採用しています。

ステア Stir
見た目以上に奥が深い

　英語の意味は「かき混ぜる」です。ビルドに似ていますが、一度ミキシンググラスに材料を入れて混ぜ、サーブグラスに移すところに違いがあります。そうすることによって、より混ざり合った一体感のある味わいが生まれます。

　ポイントは、あらかじめミキシンググラスに氷と水を入れてスプーンで混ぜ、ストレーナーで水をきること。これは氷の角を取って水っぽさを防ぐためと、グラスを冷やすためです。

シェイク Shake

カクテル作りの「華」

　英語の意味は、その動作そのものの「ふる」です。ふることによって、混ざりにくい材料同士が混ざり合うだけでなく、空気が含まれることによって口当たりがやわらかくなり、まろやかな味わいが生まれます。水っぽくならないように、一気に冷やすことがおいしく作るコツです。

　ポイントは、液体と氷を回転させるようにふること。一朝一夕にはうまくいかないかもしれませんが、シェーカーの中をイメージすることによって、完成に少しずつ近づきます。

ブレンド Blend

ブレンダー任せでOK!

　ブレンダーに材料と氷を入れてスイッチを押すだけ! 機械任せなので、そこそこ満足がいくカクテルができるのですが、でき上がりがなめらかになるように、フルーツなどは同じ大きさに切ってください。

　水っぽくならないように、氷の量を多くしすぎないようにすることも大切です。

カクテルの材料と作り方

▼ カクテルのスタイルとグラスのセレクト

カクテルは大きくショートとロングのタイプに分かれます。簡単に言うと、ショートカクテルは、カクテルグラスなど小さめのグラスで氷なしで飲むもの。一方、ロングカクテルは、タンブラーなどたっぷり入るグラスで氷入りで飲むものです。

ショートカクテル
Short Cocktail

代表的なものはマンハッタン（⇒P133）。冷たい状態のまま短時間で飲み干すために、多くはカクテルグラスのように容量が小さく、ステム（脚）がついているグラスでサーブされます。カクテルグラスがなければ、小さめのワイングラスを利用するとよいでしょう。

ロングカクテル
Long Cocktail

おなじみのジントニック（⇒P134）が、その代表です。氷を加えたコールドタイプとお湯割りのホットタイプがあります。

コールドは氷が入っているので冷たい状態を長くキープすることができます。そのためゆっくり時間をかけて飲むことに適しています。グラスは氷が数個加えられる容量のものならOK。細長いグラスなら、いっそう雰囲気が出ます。

CHAPTER 2

どう作っても
おいしい！
黄金のカクテル
方程式

どう作ってもおいしくなる方程式、教えます
アレンジ自在でオリジナルにも！

黄金の方程式で「使いきり！」

「使いきり」という言葉は、料理本でよく見かけるキャッチフレーズです。野菜や調味料を使いきって節約したいという思いがレシピに込められています。実はこれ、カクテルにも通じるのです。

カクテルにハマり始めると、酒瓶が増えます。私の場合は、お酒を置く場所がなくなり、友だちの家まで占領する始末でした（笑）。

ウォッカやジンなどベースになるお酒はそこそこ減りますが、リキュール類は買ったはいいけれどなかなか減らない…。そんなときに役立つのが、この章でご紹介する、黄金の方程式です。もちろん、ノンアルコールにもできますよ。

方程式があると早く失敗なく作れる

「カクテルって何？」（⇒P10）でも触れたように、カクテルの土台は甘味＋酸味＋アルコール感です。甘味とアルコール感を担うのがリキュール、酸味は柑橘果汁やワインです。ソーダや水はそれをのばして飲みやすくする役目。

主役は「リキュール」ですが、ノンアルコールも簡単に作れます。例えば「桃リキュール」を「桃シロップ」に置き換えたりすればOKです。

リキュールはほぼどんなものを選んでも合うように、この方程式は作られています。なかでもエルダーフラワー、ローズ、桜などのフローラル系、オレンジ、りんご、梅酒などのフルーツ系など、あまりクセがないリキュールは特に合います。

また、作り方は基本的にすべて同じです。ソーダ以外の材料をグラスに入れて混ぜ、ソーダを注いで、最後に氷をゆっくり加えれば完成です。

オリジナルが作りやすい

方程式があると、たとえ入門者でもオリジナルが作れるうれしさがあります。例えば、レモンをライムに代えるだけでも、ソーダを水に代えるだけでも、味わいが違います。

いつもはフローラル系リキュールを使っているけれど、大胆にもコーヒーリキュールで試してみるのもよいかもしれません。未知の風味との出会いって、ワクワクしますよ。

1 桜リキュールと梅酒のカクテル

さっぱり 軽い ⊙ノンアルコールあり ⊙ビルド

リキュール

＋

梅酒

＋

レモン汁

＋

ソーダor水

春爛漫の
色と香りに
心地よく酔う

\ デキタヨー /

材料（1杯分）

桜リキュール……………20㎖
梅酒………………………30㎖
レモン汁…………………10㎖
ソーダor水……………100㎖
氷…………………………適量

ソーダ以外の材料をグラスに
入れる。ソーダをゆっくり注ぎ
入れ、混ぜる（先に20㎖だけ
ソーダを入れ、混ぜておくとな
じみやすい）。氷を静かに加え
る（水の場合は、材料すべて
をグラスに入れて混ぜる）。

※ノンアルの場合は、リキュール
をフルーツシロップ15㎖、梅酒を
ノンアルコール梅酒40㎖に代える
（例：桜リキュール→桜シロップ）。
他の材料と分量は同じ。

梅酒＋レモン汁＋ソーダだけでも間違いなくおいしいのです
が、リキュールを加えることでさらに香りの幅が広がります。
ここでは桜のリキュールを使いましたが、ピーチ、カシス、ライチな
どフローラルな香りのリキュールなら、すべて合います。ソーダを
湯に代えればホットカクテルに。

エルダーフラワーリキュールと ライムのカクテル

2 黄金の
カクテル
方程式

▶ノンアルコールあり　▶ビルド　さっぱり　軽い

ミント＆
ライムで
爽快に！

リキュール
＋
ライム
＋
ミント
＋
ソーダ

材料（1杯分）

エルダーフラワーリキュール
　（サンジェルマン）……30mℓ
ライム（一口大に切る）……1/4個
ミント………………………1つかみ
ソーダ …………………………80mℓ
クラッシュアイス………適量

ライムとミントをグラスに入れ、
すりこぎでつぶす。サンジェル
マン、クラッシュアイスを加え、
ソーダを注いで混ぜる。

※ノンアルの場合は、リキュールを
シロップ15mℓに代える（例：サン
ジェルマン→エルダーフラワーシ
ロップ）。他の材料と分量は同じ。

\ デキタヨー /

モ ヒートのリキュール版を目指しました。ぜひ自分だけのオリジ
ナルモヒートを作ってください。サンジェルマンはミント＆ラ
イムと相性最高！ 他にもレモンチェッロ、りんごやピーチなどの果
実系リキュールがよく合います。もしライムがなければレモンでも
大丈夫。また違った表情になります。

荔枝酒とカルピスのカクテル

さっぱり 軽い ▶ノンアルコールあり ▶ビルド

リキュール
＋
カルピス
＋
レモン汁
＋
ソーダ or 水

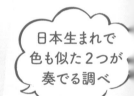

日本生まれで
色も似た2つが
奏でる調べ

材料（1杯分）

ライチリキュール
　（荔枝酒［ライチチュウ］）130㎖
乳酸飲料（カルピス［原液］）
　……………………………10㎖
レモン汁……………………10㎖
ソーダor水……………100㎖
氷……………………………適量

ソーダ以外の材料をグラスに
入れる。ソーダをゆっくり注ぎ
入れ、混ぜる（先に20㎖だけ
ソーダを入れ、混ぜておくと
なじみやすい）。氷を静かに
加える（水の場合は、材料す
べてをグラス入れて混ぜる）。

※ノンアルの場合は、リキュール
をフルーツシロップ15㎖に代え
る（例：荔枝酒→ライチシロッ
プ）。他の材料と分量は同じ。

＼デキタヨー／

　カルピスは甘味と酸味を兼ね備えているので、どんなリキュー
ルや果実酒を加えてもほぼ味が調います。ライチ、マスカッ
ト、ピーチなどフローラル系のものだけでなく、いちごやカシスなど
ベリー系のものも合います。まずはおうちにある果実系リキュール
を加えてみてください。

カシスリキュールと白ワインの カクテル

⊙ ノンアルコールあり　⊙ ビルド　甘い　軽い

カシスの甘さと
白ワインの酸味の
マリアージュ

リキュール

＋

白ワイン

＋

ソーダ

材料（1杯分）

カシスリキュール……… 15mℓ
白ワイン ……………… 30mℓ
ソーダ ………………… 100mℓ
氷 ……………………… 適量

ソーダ以外の材料をグラスに入れる。ソーダをゆっくり注ぎ入れ、混ぜる（先に20mℓだけソーダを入れ、混ぜておくとなじみやすい）。氷を静かに加える。

※ノンアルの場合は、リキュールをフルーツシロップに（例：カシスリキュール → カシスシロップ）、白ワインをノンアルコール白ワイン60mℓに代え、ソーダを50mℓにする。

\デキタヨー/

　い ろんなアレンジができるレシピですが、その理由はなんといっても白ワイン。原料がぶどうなので、果実系リキュールはなんでもよく合います。そのうえ白ワインは入手しやすいから、いつでもすぐに作れます。飲み切れずに余ったボトルを空にするのにもうってつけです。写真はカシスリキュールと白ワインのカクテルであるキールをアレンジしたものです。

5 杏露酒としょうがのカクテル

さっぱり 軽い ▶ノンアルコールあり ▶ビルド

リキュール

+

しょうが

+

レモン汁

+

ソーダ

> しょうが＆
> レモンで甘さを
> 引き締める

材料（1杯分）

アプリコットリキュール
　（杏露酒［シンルチュウ］）40㎖
すりおろししょうが……… 1g
レモン汁…………………… 10㎖
ソーダ…………………… 100㎖
氷………………………… 適量

ソーダ以外の材料をグラスに入れる。ソーダをゆっくり注ぎ入れ、混ぜる（先に20㎖だけソーダを入れ、混ぜておくとなじみやすい）。氷を静かに加える。

※ノンアルの場合は、杏露酒をオレンジママレードまたはあんずジャム大さじ2に代える。その他のリキュールの差し替えはフルーツシロップ15㎖で代用する。他の材料と分量は同じ。

\デキタヨー/

　しょうがに合うものって、思いのほか多くあります。はちみつ漬けのしょうがをイメージしてください。あんずやきんかん、りんご、紅茶などが思い浮かんできませんか？ コアントローやアマレットもいいですね。しょうががお好きなら、ソーダをジンジャーエールにすると、しょうがの風味がより強まります。アレンジで、冬はソーダをお湯に代えて温まってみてはいかがでしょうか。

ローズリキュールとジンのカクテル

▷ノンアルコールあり　▷ビルド　さっぱり　軽い

> バラの香りの
> お酒で
> プリンセス気分

リキュール
＋
ジン
＋
ライム
＋
トニックウォーター

材料（1杯分）

ローズリキュール……20㎖
ジン………………………20㎖
ライム（8等分切り）……2切れ
トニックウォーター…100㎖
氷………………………適量

リキュールとジンをグラスに入れ、ライムを搾り入れる。トニックウォーターをゆっくり注ぎ入れ、混ぜる（先に20㎖だけトニックウォーターを入れ、混ぜておくとなじみやすい）。氷を静かに加える。

※ノンアルの場合は、リキュールをフルーツシロップ15㎖、ジンをノンアルコールジン10㎖で代用する（例：ローズリキュール→ローズシロップ）。他の材料と分量は同じ。

〉デキタヨー〈

フルーティーなジントニックといった感じです。ジンにはハーブの香りがあるので、エルダーフラワー、カシス、りんご、レモンなど花やフルーツのリキュールがよく合います。オーソドックスなジントニック（⇒P134）はもちろんおいしいですが、たまにはこういった遊びを加えてみるのも楽しいですよ。

37

7 ピーチリキュールと紅茶のカクテル

 甘い 軽い　▶ノンアルコールあり　▶ビルド

リキュール

＋

紅茶
（アールグレイ）

シックな
アールグレイに
甘さをプラス

材料（1杯分）

ピーチリキュール……30mℓ
紅茶（アールグレイ）…100mℓ
氷……………………適量

すべての材料をグラスに入
れ、混ぜる。

※ノンアルの場合は、リキュール
をフルーツシロップ15mℓに代え
る（例：ピーチリキュール→ピー
チシロップ）。その他の材料と分
量は同じ。

\デキタヨー/

ア ールグレイはベルガモットという柑橘類の香りをつけた紅茶
です。甘く気品がありつつ少し苦味も持ち合わせます。ピー
チの他には、アプリコット、りんご、オレンジなど、果実系のリキュー
ルがおすすめです。紅茶はアールグレイでなく、ダージリンやアッ
サムのようにフレーバーのついていないタイプでもOK。自分好み
のフルーツティーを作るようなイメージで作ってみましょう。

林檎酒とグレープフルーツ
ジュースのカクテル

▷ ノンアルコールあり　▷ ビルド　さっぱり　軽い

淡い風味と
酔いに時間を
忘れそう

リキュール

＋

グレープフルーツ
ジュース

＋

トニックウォーター

\デキタヨー/

わずと知れた「モーニ系」のレシピ、つまりスプモーニ（⇒P136）
のアレンジです。スプモーニはカンパリとグレープフルーツ
ジュースのカクテルですが、このカンパリを他のリキュールに代
えただけで、あら、不思議！ だいたいおいしくまとまります（果実系
リキュールがおすすめ）。まさに万能カクテルレシピ！ ご紹介した
"アップルモーニ"は、バーでもときどき見かけます。

材料（1杯分）

りんごリキュール
　（林檎酒［リンチンチュウ］）30mℓ
グレープフルーツジュース
　.......................................40mℓ
トニックウォーター......70mℓ
氷...適量

トニックウォーターと氷以外の
材料をグラスに入れる。トニック
ウォーターをゆっくり注ぎ入れ、
混ぜる（先に20mℓだけトニック
ウォーターを入れ、混ぜておく
となじみやすい）。氷を静かに
加える。

※ノンアルの場合は、リキュール
をフルーツシロップ15mℓに代え
る（例：林檎酒→青りんごシロッ
プ）。その他の材料と分量は同じ。

9 檸檬酒と スパークリングワインのカクテル

さっぱり 軽い ⊙ノンアルコールあり ⊙ビルド

リキュール

+

スパークリング
ワイン

夏の午後に
さわやかさと苦味を
泡とともに…

材料（1杯分）

レモンリキュール
　（檸檬酒［ニンモンチュウ］）
　................................ 15ml
スパークリングワイン
　................................ 100ml
氷................................ 1個

檸檬酒をグラスに入れ、ス
パークリングワインをゆっくり
注いで混ぜる。氷を静かに加
える。

※ノンアルの場合は、檸檬酒をレ
モンジャム大さじ1に代える。そ
の他のリキュールの差し替えはフ
ルーツシロップ10mlで代用する。

＼デキタヨー／

使うリキュールは、レモン以外に、カシス、エルダーフラワー、ローズなどベリーや花のニュアンスをもつものが特に相性がよく、愛らしく華やかな仕上がりになります。アレンジの幅を広げるなら、オレンジなどのジュースとスパークリングワインを1対1で合わせてもおいしいですよ！

コアントローとジンジャーエール のカクテル

▶ノンアルコールあり　▶ビルド　甘い　軽い

リキュール

+

レモン汁

+

ジンジャーエール

オレンジの香りに
誘われて
スイスイ飲めそう

〉デキタヨー〈

レモン汁とジンジャーエールだけでカクテルとして完成している ところに、コアントローでオレンジの香りを添えます。果実系リキュールだけでなく、アマレットやティーリキュールのように、どっしり甘く風味の濃いものまで幅広くよく合います。オレンジの皮をお好きな型抜きで切り抜いて飾ると、おしゃれになりますよ。

材料（1杯分）

ホワイトキュラソー
　（コアントロー）……25mℓ
レモン汁……………………5mℓ
ジンジャーエール……100mℓ
氷……………………………適量

ジンジャーエールと氷以外の材料をグラスに入れる。ジンジャーエールをゆっくり注ぎ入れ、混ぜる（先に20mℓだけソーダを入れ、混ぜておくとなじみやすい）。氷を静かに加える。

※ノンアルの場合は、コアントローをオレンジママレード大さじ1と1/2に代える。その他のリキュールの差し替えはフルーツシロップ10mℓで代用する。他の材料と分量は同じ。

41

あると便利なツール

● ブレンダー

道具類のなかでは少し値段は張りますが…あれば作れるカクテルの幅が激増します。フルーツカクテルには必須です。

● すりこぎ

こちらもひとつあると作れる幅が広がります。マスカットやきんかんなど、素材のよさを前に出したいときに使います。ざくろカクテルやモヒートなどにも必須です。

● 搾り器

柑橘系のカクテルに使えます。皮の下の白い部分まで搾りすぎないなど、少し注意が必要。

● おろし器

ブレンダーとの大きな違いは「果肉の粒がきれいに残る」ことです。手間ですが、フルーツの「生」感がよく出ます。

カクテルはプロが使うツールがなくてもキッチングッズで作ることができますが、
専用のツールがあればレシピの幅が広がるのも事実。この本で使用したおすすめのツールをご紹介します。

● バースプーン

下から混ぜるのは「スプーン」、横にクルクル回す
のは「菜箸」で代用できますが、バースプーンなら、
慣れるとどちらもひとつでできます。

普通のスプーンや
軽量スプーン

これでも
OK!

菜箸

● メジャーカップ

45mlまでの量を手早く量れます。
電子量りなどでも代用できます。慣
れている方は量らずに感覚で注ぐ
ことも…。

これでも
OK!

計量カップ

電子量り

● 氷用トング

同じトングでも、氷用トングは
すべりにくさが段違いです。

これでも
OK!

普通の
キッチントング

みそこし

これでも
OK!

● ストレーナー＆厚底グラス

ストレーナーはバネみたいな金属がついた金物です。すりこ
ぎでフルーツをつぶすときは、厚底グラスに入れてつぶして
からストレーナーでこす、というのが一般的です。またはみそこ
しにフルーツを入れて、スプーンでつぶしたり、やわらかいフ
ルーツなら、直接すりこぎでつぶしたりもできます。

あると便利なツール

● ミキシンググラス

マティーニ、マンハッタンなど、カクテルの材料を混ぜることに特化した、大型のグラスです。

● シェイカー

中に材料と氷を入れて、空気を含ませながら混ぜることができます。

● アイスピック

氷に突き刺して、細かく砕きます。初めて購入するときは、先端が3本のタイプがおすすめ。

● ハンディフードプロセッサー

ブレンダーよりパワーがあるので、大きめの果実や氷をブレンドするときに便利です。

● 氷包丁&のこぎり

クラシックカクテルを楽しむときは氷の形にもこだわりたいですね。カットするときは手袋を使います。

● 型抜き

製菓用のものでOK。フルーツの皮を型で抜いて、カクテルに華やかさと風味をプラス。

● 密閉栓抜き

栓抜き・密閉栓・ふた起こしの3つの機能がついたオープナー。ソーダなどの炭酸をしっかりキープ。

CHAPTER **3**

3ステップでOK!
おうちカクテル
レシピ

フルーツのおいしさを活かす
作り方の基本4テクニック

このCHAPTERで紹介するのは、フルーツを丸ごと飲んでいるかのようなカクテルです。カラフルな彩り、ビビッドな香りと味わい、フルーツのみずみずしさを最大限に活かせるお酒と混ぜ合わせてグラスの中に詰め込みました。

作り方もいたってカンタン！ ブレンダーやすりこぎなど4つの道具があれば、手軽にフルーツをつぶしたり搾ったりできます。

デコポン

出っ張った部分を切り落とし、縦8〜12等分に切る。中心の白い部分を切り落とし、果肉と白い部分の境目にナイフを入れて、皮も一緒に取り除く。

1 ブレンダーを使う

フルーツをカットしてブレンダーに入れ、他の材料（お酒やシロップなど）とクラッシュアイスを加えて回します。氷の音がしなくなるまで回せば完成。グラスに移します。

なめらかでスムージーのような喉ごしが特徴です。ストローでを使うときは、2本差すようにすると、氷詰まりせずに飲みやすくなります。

2 すりこぎを使う

フルーツをグラスに入れ、すりこぎでつぶして果汁を取り出します。その後、他の材料（お酒やソーダなど）と氷を加えて混ぜれば完成です。

フルーツをつぶすときは、分厚く丈夫なグラスを使用します。ない場合はマグカップなどの中でいったんつぶし、グラスに移して、他の材料を加えるとよいでしょう。

フルーツの切り方

切り方を知っていると美しく見えるだけでなく、作業効率が上がります。
不要な部分をきれいに除くこともできるので、カクテルの味がさらによくなります。

マンゴー

マンゴーの種は平らな楕円形をしているので、ナイフを種に沿って寝かして入れ、魚の三枚おろしのように切ってから皮をむく。最後に、残った種のまわりの果肉を切り出す。

パイナップル

葉をねじり取り、実を縦8等分に切る。芯の部分を切り落とし、実と皮の間にナイフを入れて皮を取り除く。

ざくろ

尖っている部分から縦に手で割る。割りにくい場合は、実を切らないように十字の切り込みを入れるとよい。実を取り出すときは、ボウルに水を張り、果汁が飛ばないように（果汁が服につくと色が落ちない）、その中でほぐす。

3

おろし器を使う

　本書では、ぶどうとスパークリングワインのカクテル（⇒P78）で、ぶどうの果汁を取る際に使用しています。ぶどうをすりおろして皮を除き、果汁をグラスに移してスパークリングワインを加えます。

　ぶどうの皮をむいてブレンダーにかけてもよいのですが、すりおろして皮を除いたほうがラクです。

4

搾り器を使う

　柑橘類の果汁を取るために使用します。搾ったら、他の材料（お酒やソーダなど）と一緒にグラスに入れて混ぜ、氷を加えます。

　柑橘類を搾るときは、苦味が出ないように、白い部分まで搾らないように気をつけて行いましょう。と言っても、この作業はバーテンダーの修業のひとつであるほど、難しいことですが…。

いちごとウォッカのカクテル

⊙ノンアルコールあり　⊙ブレンド

ジューシー

SPRING

いちごの風味を
思う存分
楽しめる

STEP 1

いちごはヘタを切り
一口大に切る

いちご6個分

STEP 2

材料全部をブレンダーに入れ
ふたを閉める

ローズ
シロップ
15ml

クランベリー
ジュース
30ml

ウォッカ
10ml

氷

クラッシュ
アイス
適量

STEP 3

氷の音がしなくなるまで回し
グラスに注ぐ

《飾り》
いちごの薄切りを
グラスの縁にはさむ

材料（1杯分）

いちご	6個
クランベリージュース	30ml
ウォッカ	10ml
ローズシロップ（いちごジャム大さじ1で代用可）	15ml
クラッシュアイス	適量
いちごの薄切り（飾り用）	1枚

ウォッカ

\ ノンアル /

※ノンアルの場合
は、ウォッカを除き、
クランベリージュー
スを45mlにする。
他の材料と分量は
同じ。

\ デキタヨー /

　ク　ランベリーといちごというストレー
トな組み合わせ。同じベリー系同
士、やはりすばらしい相性です。クラン
ベリーがいちごの風味を素直に引き出
してくれます。この本では3種類のいちご
カクテルを紹介しています。そのなかで
は一番スタンダードなタイプで、いちご
の味わいをストレートに感じることがで
きます。ちなみにカシスもよく合うので、
アレンジとして、カシスリキュールかカシ
スシロップ10mlくらいを追加するレシピ
もおすすめです。

\ ハーイ! /

いちご何個分!?
贅沢なカクテル!

デコポンとウォッカのカクテル

甘い ジューシー ⊙ノンアルコールあり ⊙ブレンド

香りと
口当たりのよさが
心地よい

SPRING

STEP 1
デコポンは皮をむいて
一口大に切る

STEP 2
氷以外の材料全部を
ブレンダーに入れふたを閉める

STEP 3
なめらかになるまで回し
氷の入ったグラスに注ぐ

デコポン1個分

ウォッカ
15mℓ

砂糖
小さじ1

材料（1杯分）

デコポン	1個
砂糖	小さじ1
ウォッカ	15mℓ
氷	適量

\ノンアル/

ウォッカ

オレンジ
ママレード

※ノンアルの場合は、
ウォッカと砂糖を除き、
オレンジママレード大
さじ1を加える。他の材
料と分量は同じ。

\デキタヨー/

　ウォッカとオレンジジュースで作るス
クリュードライバーのアレンジ。デ
コポンを使うとジューシーさが増して贅
沢な印象に。よりなめらかな質感に仕上
げたい場合は、こし器などでこしてくだ
さい。ウォッカを同じ分量のホワイトラム
やジンに代えても、簡単に味変できてお
もしろいですよ。ノンアルにすると、アル
コール感というカクテルの重要な要素
がひとつ欠けるので、オレンジママレー
ドのうまみで補います。お好みでコアン
トローをほんのちょっと加えると、大人の
印象に変わりますよ。

\ハーイ!/
いい意味で
お酒っぽくないね!

51

さくらんぼと梅酒のカクテル

さっぱり 軽い ⊙ノンアルコールあり ⊙ビルド

お花見気分を
アップする
甘酸っぱい一杯

CHERRY ＆ UME LIQUOR

SPRING

STEP 1

さくらんぼは軸と種を取り
青じそを加えてグラスに入れ
すりこぎでつぶす

さくらんぼ10個分
青じそ3枚

STEP 2

ソーダとクラッシュアイス以外の
材料を加えて5回ほど
軽く混ぜる

レモン汁
5㎖

梅酒 30㎖

STEP 3

クラッシュアイスとソーダを
順に加えてバースプーンで
突きながら混ぜる

ソーダ
90㎖

氷 クラッシュ
アイス
適量

《飾り》
さくらんぼと青じそを差し込む

材料（1杯分）

さくらんぼ	10個
青じそ	3枚
梅酒	30㎖
レモン汁	5㎖
ソーダ	90㎖
クラッシュアイス	適量
さくらんぼ（飾り用）	2個
青じそ（飾り用）	1枚

梅酒

＼ノンアル／

ノンアルコール
梅酒

※ノンアルの場合は、梅酒をノン
アルコール梅酒60㎖、ソーダ60
㎖にする。他の材料と分量は同じ。

＼デキタヨー／

さくらんぼと青じそのモヒートをイメージして作りました。ベースは梅酒です。さくらんぼと青じそをつぶして、梅酒を注ぐことで、それらのエキスをなじませています。アレンジで青じそをバジルやミントに代えてもおもしろいです。レモン汁で酸味を加えていますが、ライムやすだちに代えるのもいいですね。アレンジで、梅酒を桜リキュールやローズリキュールにするのも春らしくておすすめです。お花見の季節に、一杯どうでしょう？

＼ハーイ！／

意外と酸味が効いているね！
クセになりそうな味…！

さくらんぼとウォッカのカクテル

SPRING

ジューシー　　⊙ノンアルコールあり　⊙ブレンド

> ローズの香りに
> 包まれて
> 夢見心地

STEP 1
さくらんぼは軸と種を取る

さくらんぼ10個分

STEP 2
材料全部をブレンダーに入れ
ふたを閉める

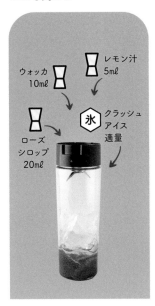

ウォッカ
10mℓ

レモン汁
5mℓ

ローズ
シロップ
20mℓ

氷　クラッシュ
アイス
適量

STEP 3
氷の音がしなくなるまで回し
グラスに注ぐ

《飾り》
さくらんぼをのせる

材料（1杯分）

さくらんぼ	10個
ローズシロップ	20mℓ
ウォッカ	10mℓ
レモン汁	5mℓ
クラッシュアイス	適量
さくらんぼ（飾り用）	1個

ウォッカ

\ ノンアル /

※ノンアルの場合は、ウォッカを除き、さくらんぼ12個、レモン汁10mℓにする。他の材料と分量は同じ。

\ デキタヨー /

さくらんぼで作るフローズンカクテルです。さくらんぼは国産はもちろん、アメリカンチェリーで作るのもおすすめです。その場合は果肉の量が多いので、7、8個で足りると思います。さくらんぼの季節でなかったら、ぜひ缶詰で作ってください。ちょっと甘めになりますが、ピンク色が映えます。ウォッカをジンに、レモン汁をライム汁に代えると、ぜんぜん違う風味になるので、チャレンジしてみてはいかがでしょう。

\ ハーイ! /

色が赤いな～と思ったら缶詰ね!
これも好きだけど、今度は佐藤錦で
作ってほしいな～

いちごとジンのカクテル

さっぱり ジューシー　⊙ノンアルコールあり　⊙ブレンド

**春のスタートに
ぴったりの
フレッシュ感**

SPRING

ジン

\ノンアル/
※ノンアルの場合は、ジンを除き、ライム汁1/8個分を加える。他の材料と分量は同じ。

\デキタヨー/

い ちごとバラの組み合わせが好きなので、ローズシロップを加えました。上品な余韻が生まれます。なければいちごシロップ5mℓか、いちごジャム大さじ1、2で代用を。いちごジャムは多くてもOKです。ジンをホワイトラムに代えても。

\ハーイ!/
いちごをそのまま
飲んでるみたい…

材料（1杯分）

いちご	6個
グレープフルーツジュース	30mℓ
ジン	15mℓ
ローズシロップ	15mℓ
（いちごジャム大さじ1で代用可）	
クラッシュアイス	適量
ミント（飾り用）	適量

STEP 1

いちごはヘタを切り
一口大に切る

いちご6個分

STEP 2

材料全部をブレンダーに入れ
ふたを閉める

グレープフルーツジュース 30mℓ
ジン 15mℓ
ローズシロップ 15mℓ
氷 クラッシュアイス 適量

STEP 3

氷の音がしなくなるまで回し
グラスに注ぐ

《飾り》
ミントを差し込む

いちごと白ワインのカクテル

▷ ノンアルコールあり　▷ ブレンド

甘い　ジューシー

\デキタヨー/

春の日に飲みたくなるいちごカクテル！をテーマに作ってみました。オレンジジュースが温かい雰囲気を出しています。お好みで白ワインをホワイトラムやウォッカにしてもおいしいです。飾りには星の型抜きを使っていますが、ハートなどお好きな型抜きで自由に飾ってみてください。

\ハーイ!/

飾りつけ、かわいい（笑）
なんとなく、春っぽい味だね

いちごの
甘くやさしい味に
包まれて

SPRING

材料（1杯分）

いちご..................6個
オレンジジュース...30mℓ
白ワイン...............30mℓ
ローズシロップ.......15mℓ
（いちごジャム大さじ1で代用可）
クラッシュアイス.....適量
レモンの皮（飾り用）
.........................適量

\ノンアル/

白ワイン　レモン汁

※ノンアルの場合は、白ワインを除き、レモン汁5mℓを加える。
他の材料と分量は同じ。

STEP 1
いちごはヘタを切り
一口大に切る

いちご6個分

STEP 2
材料全部をブレンダーに入れ
ふたを閉める

オレンジ
ジュース
30mℓ

白ワイン
30mℓ

ローズ
シロップ
15mℓ

氷
クラッシュ
アイス
適量

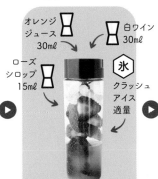

STEP 3
氷の音がしなくなるまで回し
グラスに注ぐ

《飾り》
レモンの皮を切り抜き
グラスの縁にはさむ

はっさくとジンのカクテル

さっぱり 軽い ⊙ノンアルコールあり ⊙ビルド

新緑の季節の
すがすがしさを
グラスに!

SPRING

\デキタヨー/

はっさくには大人っぽい苦味があります。それを引き出してくれるお酒がジン。ソーダを加えると味が薄くなるので、砂糖を少し加えて補強します。タイムの香りが苦手でなければ、仕上げに生のタイム1枝を差し込むといっそう香りが立ちます。

\ハーイ!/

はっさくって、こんな味なんだね!
さっぱりしていて、おいしい〜

\ノンアル/

ジン　　ノンアルコール
　　　　ジン

※ノンアルの場合は、ジンを除き、ノンアルコールジンがあれば5mℓ加え、砂糖を小さじ1と1/2、ソーダを50mℓにする。他の材料と分量は同じ。

材料(1杯分)

はっさく	1個
砂糖	小さじ1
ジン	20mℓ
ソーダ	40mℓ
氷	適量
タイム(飾り用)	1枝

STEP 1
はっさくを搾り器で搾り
果汁をグラスに注ぐ

はっさく1個分

STEP 2
ソーダと氷以外の材料を加え
軽く混ぜる

砂糖
小さじ1 → ジン
20mℓ

STEP 3
ソーダを注ぎ入れ
氷を静かに加える

ソーダ
40mℓ
氷 適量

《飾り》
タイムを差し込む

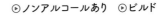

甘夏とコアントローのカクテル

◉ ノンアルコールあり　◉ ビルド

さっぱり　軽い

\デキタヨー/

甘夏は香りも甘さも素朴で控えめ。それを押し上げる役目がコアントローとソーダです。やはりソーダがあるほうが甘夏のいい香りが広がります。最後に氷を加えるときは、ソーダがあふれないように静かにゆっくり、が鉄則。ソーダをジンジャーエールに代えるのもありです。

\ハーイ!/
はっさくに似てるけどこっちも好き!

苦味の中に秘めた甘味が大人っぽい

SPRING

材料(1杯分)

甘夏……………………1個
ホワイトキュラソー
　(コアントロー)……15mℓ
砂糖…………………小さじ1
ソーダ………………40mℓ
氷……………………適量
甘夏の皮(飾り用)
　…………………………適量

コアントロー　オレンジ
　　　　　　　ママレード

\ノンアル/

※ノンアルの場合は、コアントローと砂糖を除き、オレンジママレード大さじ2を加え、ソーダを50mℓにする。

STEP 1

甘夏を搾り器で搾り果汁をグラスに注ぐ

甘夏1個分

STEP 2

ソーダと氷以外の材料を加え軽く混ぜる

砂糖
小さじ1　

コアントロー
15mℓ

STEP 3

ソーダを注ぎ入れ氷を静かに加える

ソーダ
40mℓ　

氷
適量

《飾り》
甘夏の皮を切って差し込む

桃とウォッカのカクテル

 ジューシー　　⊙ノンアルコールあり　⊙ブレンド

桃の香りの
かぐわしさに
会話も弾む

SUMMER

桃は皮と種を取り除き
一口大に切る

材料全部をブレンダーに入れ
ふたを閉める

氷の音がしなくなるまで回し
グラスに注ぐ

桃1個分

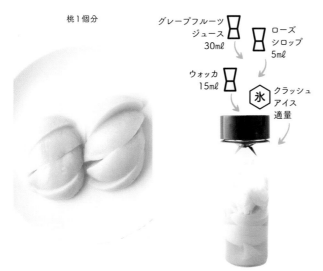

グレープフルーツ
ジュース
30ml

ローズ
シロップ
5ml

ウォッカ
15ml

氷 クラッシュ
アイス
適量

材料（1杯分）

桃	1個
グレープフルーツジュース	30ml
ウォッカ	15ml
ローズシロップ	5ml
（ピーチジャム大さじ1で代用可）	
クラッシュアイス	適量

＼ノンアル／

※ノンアルの場合は、ウォッカを除き、ローズシロップを10mlにする。他の材料と分量は同じ。

ウォッカ

＼デキタヨー／

桃は大きく白桃と黄桃に分けられますが、ここで紹介するのは白桃です。芳醇な香りと、やわらかくて甘く、ジューシーな果肉。そんな桃の特徴を活かすため、邪魔しない程度にグレープフルーツジュースを加えます。ローズシロップも加えると華やかな香りが立ち、桃の印象が強まります。元の色が白いので、もし桃色にしたい場合はグレナデンシロップを加えて色づけしてもよいでしょう。ただし、桃は香りが繊細なので、リキュールやシロップは少しずつ加減しながら入れてください。

＼ハーイ！／

桃、大好き！
毎年この季節が楽しみ〜

61

メロンとウォッカのカクテル

 甘い ジューシー　⊙ ノンアルコールあり　⊙ ブレンド

高級メロン
アイスクリームの
味のよう

SUMMER

メロンは皮と種を取り除き
一口大に切る

材料全部をブレンダーに入れ
ふたを閉める

氷の音がしなくなるまで回し
グラスに注ぐ

メロン1/8個分

生クリーム
5㎖　　　ウォッカ
　　　　15㎖

氷　クラッシュ
　　アイス
　　適量

《飾り》
メロンの皮を切り抜き
グラスの縁にはさむ

\デキタヨー/

材料（1杯分）

メロン	1/8個
生クリーム	5㎖
ウォッカ	15㎖
クラッシュアイス	適量
メロンの皮（飾り用）	適量

決め手は生クリームを加えることです。ウリ科の植物独特の青くささが抑えられます。また、ブレンダーにかけることによって生クリームに空気が含まれ、口当たりもリッチな印象になります。これは私の大好きなレシピのひとつで、ミントを加えることもあれば、ウォッカをジンやホワイトラムに代えるなど、アレンジすることもあります。ノンアルの場合は生クリームではボリューム感が足りなくなるので、バニラアイスクリームがおすすめ。

\ハーイ!/

私もこれ好き!
星形の飾りもかわいい!

\ノンアル/

バニラ
アイスクリーム

ウォッカ

※ノンアルの場合は、ウォッカ
を除き、生クリームをバニラア
イスクリーム30gにする。他の
材料と分量は同じ。

すいかとウォッカのカクテル

さっぱり　⊙ノンアルコールあり　⊙ビルド

くちびるに
少し当たる塩が
絶妙なアクセント

SUMMER

グラスにレモンの切り口を
こすりつけて塩をつける
（スノースタイル）

すいかは皮を取り
一口大に切ってグラスに入れ
すりこぎでつぶす

こし器でこしてグラスに注ぎ
氷とウォッカを加えて
10回ほど混ぜる

塩適量

レモンなどの
柑橘1切れ

すいか1/8個分

氷 適量

ウォッカ
15ml

材料（1杯分）

すいか（小玉）	1/8個
ウォッカ	15ml
氷	適量
塩（スノースタイル用）	適量
レモンなどの柑橘（スノースタイル用）	1切れ

\ ノンアル /
※ノンアルの場合は、
ウォッカを除く。他の
材料と分量は同じ。

ウォッカ

\ デキタヨー /

私はバーテンダーではなくすいか
屋か?と思うほど作ったカクテル。
別名、真夏のソルティドッグです。すい
かは水分が多いので、初心者でも失敗
しません。ウォッカの他、ジン、ホワイトラ
ム、テキーラとも相性抜群です。ここでス
ノースタイルのやり方を説明します。まず、皿にサラサラした塩適量を広げて
おきます。次に、グラスの縁に柑橘類の
切り口をこすりつけ、グラスを逆さにして
皿に置き、塩をつけます。

\ ハーイ! /
塩がついていて、おしゃれ〜
飲めば気分は夏休み!

マンゴーとウォッカのカクテル

 　⊙ ノンアルコールあり　⊙ ブレンド

SUMMER

> マンゴー＆
> オレンジは
> 最強美味コンビ！

STEP **1**

マンゴーは種と皮を取り除き
一口大に切る

マンゴー1/2個分

STEP **2**

材料全部をブレンダーに入れ
ふたを閉める

オレンジ
ジュース
30mℓ

ウォッカ
10mℓ

(氷) クラッシュ
アイス
適量

STEP **3**

氷の音がしなくなるまで回し
グラスに注ぐ

《飾り》
オレンジの皮を切り
グラスの縁にはさむ

材料（1杯分）

マンゴー	1/2個
オレンジジュース	30mℓ
ウォッカ	10mℓ
クラッシュアイス	適量
オレンジの皮（飾り用）	適量

\ ノンアル /

ウォッカ

オレンジ
ママレード

※ノンアルの場合は、
ウォッカを除き、オレン
ジママレード大さじ1
に代える。他の材料と
分量は同じ。

\ デキタヨー /

　高価なマンゴー1/2個を1杯のグラスにギュッと詰めた贅沢なカクテルです。私が働いていたバーではマンゴーシロップを1滴だけ落としていましたが、すごくいいマンゴーが入ったときは、シロップなしで提供していました。マンゴーはそれ自体がしっかりとした甘味をもっているので、ここはオレンジジュースを合わせてお互いのよさを引き立てています。ちょっと生クリームを加えるのも、私の好みです。意外なおすすめは、マンゴー缶で作ること。甘味があるのでとてもおいしく仕上がります。

\ ハーイ！ /
バーだといくらするの、これ？

67

パイナップルとホワイトラムのカクテル

\デキタヨー/

甘い ジューシー　⊙ノンアルコールあり　⊙ブレンド

思わずサルサを
踊りたくなる
カリブ海の風味

SUMMER

パ イナップル＋ココ
ナッツ風味は、定番
中の定番！と言っても過
言ではないでしょう。生ク
リームや牛乳を40mℓほど
加えると、お手軽ピニャコ
ラーダにもなります。ホワ
イトラム＆マリブの代わり
に、テキーラ＆ライムにし
てもおいしいですよ。

\ハーイ！/

パイナップル缶で
作るのもありだね！
1個食べきるの、大変だから

ホワイト
ラム　マリブ

ココナッツミルク

※ノンアルの場合はホワ
イトラムとマリブを除き、
ココナッツミルク40mℓ、
砂糖小さじ2を加える。
他の材料と分量は同じ。

材料（1杯分）

パイナップル………1/3個
ホワイトラム…………15mℓ
ココナッツリキュール
（マリブ）…………15mℓ
クラッシュアイス……適量
ミント（飾り用）……適量

STEP 1
パイナップルは皮と芯を
取り除いて一口大に切る

パイナップル1/3個分

▶

STEP 2
材料全部をブレンダーに入れ
ふたを閉める

マリブ
15mℓ

ホワイト
ラム 15mℓ

氷

クラッシュ
アイス
適量

▶

STEP 3
氷の音がしなくなるまで回し
グラスに注ぐ

《飾り》
ミントを差し込む

キウイとウォッカのカクテル

⊙ ノンアルコールあり　⊙ ブレンド

\デキタヨー/

キウイはその酸味を活かして、さっぱり仕上げるのがポイントです。なのでやはり、グレープフルーツとの相性はバッチリです。ブレンダーにかけるときに、アレンジでミントの葉5枚ほどを加えると、フローズンキウイモヒートになります。

しっかりした酸味でリフレッシュ！

\ハーイ!/

これ、昔から好きなやつ！
つぶしたキウイで作る
ジントニックも好き！

材料（1杯分）

キウイ……………………1個
グレープフルーツジュース
………………………30ml
ウォッカ………………15ml
砂糖…………………小さじ1
クラッシュアイス……適量

ウォッカ

\ノンアル/

※ノンアルの場合は、ウォッカを除き、グレープフルーツジュース40ml、砂糖小さじ1と1/2にする。他の材料と分量は同じ。

STEP 1
キウイは皮をむき
一口大に切る

キウイ1個分

STEP 2
材料全部をブレンダーに入れ
ふたを閉める

ウォッカ
15ml

グレープフルーツジュース
30ml

砂糖
小さじ1

氷
クラッシュアイス
適量

STEP 3
氷の音がしなくなるまで回し
グラスに注ぐ

69

パッションフルーツとコアントローのカクテル

甘い ⊙ノンアルコールあり ⊙ビルド

さわやかながらも
甘くトロピカルな
香り

SUMMER

\ノンアル/

コアントロー　オレンジ
　　　　　ママレード

※ノンアルの場合は、コアントローをオレンジママレード大さじ1と1/2に代え、レモン汁を10mlにする。他の材料と分量は同じ。

\デキタヨー/

パッションフルーツは、熟成して皮にシワがあるものを選びます。切るときは中身が出ないように！種のまわりのゼリー状のものが香り豊かな果肉。それを種ごとジュースでのばします。個人的にはオレンジジュースが香りも合って、飲む量も増やせるのでよく使っています。

\ハーイ!/

見た目がタピオカジュース！

材料(1杯分)

パッションフルーツ……1個
オレンジジュース……120ml
レモン汁………………5ml
ホワイトキュラソー
　（コアントロー）……15ml
氷……………………適量
マラスキーノチェリー
　（飾り用）…………1個

STEP 1
パッションフルーツを
半分に切り
中身をグラスに入れる

パッションフルーツ1個分

▶

STEP 2
氷以外の材料を加えて
混ぜる

レモン
汁5ml

オレンジ
ジュース
120ml

コアントロー
15ml

▶

STEP 3
氷を加えて
20回ほど混ぜる

氷
適量

《飾り》
マラスキーノチェリーを
グラスの縁にはさむ

グレープフルーツとジンのカクテル

⊙ ノンアルコールあり　⊙ ビルド

さっぱり　軽い

\デキタヨー/

　グレープフルーツのジントニックにコリアンダーの風味をつけてみました。この組み合わせ、最近のマイブームなんですよ。今回は砂糖に頼らず、スパイスとハーブの力で、風味に厚みを出しています。

さわやかさとほろ苦さに暑さを忘れるひととき

\ハーイ!/

コリアンダーが入ってるのが旦那っぽい…
相変わらずスパイス好きだねぇ

材料（1杯分）

グレープフルーツ
……1/2個（果汁約70㎖）
コリアンダーパウダー
…………………… 1ふり
ジン………………… 20㎖
トニックウォーター… 80㎖
氷……………………… 適量
ローズマリー（飾り用）
……………………… 1本

\ノンアル/

ジン　ノンアルコール
　　　　ジン

※ノンアルの場合は、ジンを除き、好みでノンアルコールジンがあれば5㎖を加える。他の材料と分量は同じ。

STEP 1

グレープフルーツを
搾り器で搾り
果汁をグラスに注ぐ

グレープフルーツ1/2個分

STEP 2

トニックウォーターと
氷以外の材料を加え
軽く混ぜる

ジン
20㎖

コリアンダー
パウダー
1ふり

STEP 3

トニックウォーターを
注ぎ入れ
氷を静かに加える

氷
適量

トニック
ウォーター
80㎖

〈飾り〉
ローズマリーを差し込む

SWEET COCKTAIL COLUMN
キャンディーカクテル

グラスの中はバラエティー豊か!
時間をかけながらゆっくり飲むと、
どんどん味が変わり、おもしろくなる!
ノンアルなのもうれしいポイント。

ぶどうあめカクテル

▶ビルド

シュワシュワッと
甘くシアワセ気分
上昇中!

材料(1杯分)

ぶどうあめ··············10個
レモン汁··············10㎖
サイダー··············150㎖
クラッシュアイス········適量
ぶどう(飾り用)······2個

グラスの底にぶどうあめ
を入れ、上からふたをす
るようにクラッシュアイス
を敷き詰める。レモン汁を
加え、サイダーをなるべく
ゆっくり注ぐ。グラスの縁に
ぶどうを飾り、ストロー2本
を差す。

※お酒を加えたいときは、レモン
汁とともに、白ワインまたはウォッ
カを10㎖ほど足す。

＼デキタヨー／

ハ　ッカあめとハイボールのカクテル(⇒P16)でも紹介したように、キャン
ディーカクテルは、加えた材料を段階順に味わえるところがひとつの魅
力です。また、時間が経ってあめが溶け、全体が甘い味になってから飲んでも
おいしく、ストローを使って飲むのと、グラスに直接口をつけて飲むのとでも、
味に違いがあります。いろいろな変化を楽しんでいただけたら、うれしいです。

レモンあめカクテル

▶ビルド

手軽に作れる
レモンサイダー

材料（1杯分）

レモンあめ	10個
レモン汁	10ml
トニックウォーター	150ml
クラッシュアイス	適量
レモンの半月切り（飾り用）	2枚
ライムの半月切り（飾り用）	2枚

グラスの底にレモンあめを入れ、上からふた
をするようにクラッシュアイスを敷き詰める。レ
モン汁を加え、トニックウォーターをなるべく
ゆっくり注ぐ。レモンとライムの半月切りを加
え、ストロー2本を差す。

※お酒を加えたいときは、レモン汁とともに、白ワインま
たはウォッカを10mlほど足す。

お 好みで、ぶどう、りんご、ピーチ、オレンジなどのあめに代え
たり、ブレンドしてもおいしいです。トニックウォーターは、あ
めが動かないように、ゆっくり静かに注いでください。

材料（1杯分）

りんごあめ	10個
レモン汁	10ml
ノンアルコール梅酒ソーダ	150ml
クラッシュアイス	適量
マラスキーノチェリー（飾り用）	1個
りんご（飾り用）	少量

りんごあめカクテル

▶ビルド

りんごの味から
梅酒の味へ
最後は渾然一体！

グラスの底にりんごあめを入れ、上からふた
をするようにクラッシュアイスを敷き詰める。レ
モン汁を加え、ノンアルコール梅酒ソーダを
なるべくゆっくり注ぐ。グラスの縁にマラスキー
ノチェリーとりんごの飾り切りを飾り、ストロー
2本を差す。

※お酒を加えたいときは、ノンアル梅酒ソーダを梅酒
ソーダに代えるか、白ワインまたはウォッカ10mlを加える。

お 好みで、ぶどう、ピーチ、レモンなどのあめに代えたり、ブレ
ンドするのもおすすめです。このときばかりは、がんばった
自分へのごほうびと考え、カロリーのことは忘れましょう。

柿と杏露酒のカクテル

甘い ジューシー ▶ノンアルコールあり ▶ブレンド

AUTUMN

柿の甘味と
うまみをあんずの
香りと味わう

STEP 1
柿は皮と種を取り除き
一口大に切る

STEP 2
材料全部をブレンダーに入れ
ふたを閉める

STEP 3
氷の音がしなくなるまで回し
グラスに注ぐ

柿1個分

オレンジ
ジュース
30㎖

杏露酒
15㎖

氷 クラッシュ
アイス
適量

\デキタヨー/

材料(1杯分)

柿	1個
オレンジジュース	30㎖
アプリコットリキュール（杏露酒［シンルチュウ］）	15㎖
クラッシュアイス	適量

\ノンアル/

オレンジ
ママレード

杏露酒

※ノンアルの場合は、杏
露酒をオレンジママレー
ド大さじ1に代える。他
の材料と分量は同じ。

柿は香りが淡く、酸味がほとんどないフルーツ。ブランデーやラムなど甘味のあるお酒はだいたい合うと思います。そのなかでも特におすすめしたいのが杏露酒。柿のもつ和の雰囲気を崩さずかつ味に花を添えてくれます。アレンジでオレンジママレードやティーリキュールを加えるのもおすすめ。柿は海外でも人気が高く、日本以外にもいろんな地域で栽培されているみたいですよ。スペイン、中国、アゼルバイジャンなど、外国産の柿も一度、カクテルにしてみたいです。

\ハーイ!/
柿はあんまり食べないけど
これはいける! 杏露酒が合うんだ

ラ・フランスとウォッカのカクテル

 ジューシー

⊳ ノンアルコールあり　⊳ ブレンド

ラ・フランスを
丸ごと飲む
ような贅沢感

AUTUMN

STEP 1

ラ・フランスは芯と皮を取り除き一口大に切る

ラ・フランス3/4個分

STEP 2

材料全部をブレンダーに入れふたを閉める

エルダーフラワーシロップ 15㎖

グレープフルーツジュース 30㎖

ウォッカ 15㎖

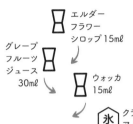

氷 クラッシュアイス 適量

STEP 3

氷の音がしなくなるまで回しグラスに注ぐ

Vitantonio

《飾り》
ミントの葉とストロー2本を差し込む

\ デキタヨー /

洋 梨のラ・フランスは味わいも濃厚で食感もねっとり。淡さとみずみずしさが特徴である和梨とはまた違った個性をもっています。こうした完熟ラ・フランスにはやはり、エルダーフラワーの風味がよく合います。このレシピも間違いなくおいしいですが、まだ夏に近い時期は、アレンジでミント数枚を入れてブレンダーにかけるのもおすすめです。以前、お客さんからラ・フランスとマスカットのカクテルを注文されたことがありました。試しに作ったら、これが絶品！ 洋梨の1/2量をマスカットに代えて作ってみてください。

材料（1杯分）

ラ・フランス	3/4個
グレープフルーツジュース	30㎖
エルダーフラワーシロップ	15㎖
ウォッカ	15㎖
クラッシュアイス	適量
ミントの葉（飾り用）	2枚

\ ノンアル /
※ノンアルの場合は、ウォッカを除き、好みでライム汁1/8個分を加える。他の材料と分量は同じ。

ウォッカ

\ ハーイ！ /
この洋梨、
棚の奥に隠してたでしょ？

77

ぶどうとロゼスパークリングワインのカクテル

  ⊙ノンアルコールあり　⊙ビルド

AUTUMN

秋の
夜長はおしゃれな
シュワシュワ
カクテルで

STEP 1

ぶどうの粒は半分に切り
おろし器ですりおろす

STEP 2

すりおろしたぶどう果汁から
皮を取り除いてグラスに入れる

STEP 3

よく冷えたロゼスパークリング
ワインを注ぎ入れ
スプーンでやさしく1回混ぜる

ぶどうの粒100g分

ぶどう果汁
約60㎖

ロゼ
スパークリング
ワイン60㎖

材料（1杯分）

ぶどうの粒 ……………………… 100g（果汁約60㎖）
ロゼスパークリングワイン ……………………… 60㎖

ロゼ
スパークリングワイン

\ノンアル /

ノンアルコール
赤ワイン

※ノンアルの場合は、ロゼ
スパークリングワインをノンア
ルコール赤ワインに代える。
他の材料と分量は同じ。

\デキタヨー/

オレンジジュースとスパークリング
ワインで作るミモザの、ぶどう版で
す。ぶどうはピオーネや巨峰の他、マス
カットも向いています。おろし器を使う
のは、少し果肉感が欲しいから。おろし
器がない場合は、ぶどうを丈夫なグラス
などに入れてすりこぎでつぶし、その果
汁をストレーナー（または茶こし）でこし
ながらサーブグラスに注ぎます。ぶどう
ジュースでもいいですよ。スパークリン
グワインとフルーツの組み合わせは王
道中の王道で、いちごや桃などいろん
な組み合わせがあります。

\ハーイ!/
マスカット版もおいしいよね!

いちじくと赤ワインのカクテル

   ▷ノンアルコールあり ▷ブレンド

> いちじくの
> 赤ワインコンポートを
> 飲んでいる感じ

STEP 1

いちじくは皮をむき
一口大に切る

いちじく3個分

STEP 2

材料全部をブレンダーに入れ
ふたを閉める

赤ワイン
30㎖

ぶどうジャム
大さじ2

クラッシュ
アイス
適量

氷

クランベリー
ジュース
20㎖

STEP 3

氷の音がしなくなるまで回し
グラスに注ぐ

Vitantonio

《飾り》
スライスした
いちじくをのせる

材料（1杯分）

いちじく	3個
クランベリージュース	20㎖
ぶどうジャム	大さじ2
赤ワイン	30㎖
クラッシュアイス	適量
いちじく（飾り用）	1/8個

赤ワイン

＼ノンアル／
※ノンアルの場合は、
赤ワインを除き、クラ
ンベリージュースを50
㎖にし、シナモンパウ
ダー1ふりを加える。他
の材料と分量は同じ。

＼デキタヨー／

いちじくの風味って、独特ですよね。ですが、意外と味は淡白。作るバーテンダーによってレシピや味の印象もかなり変わるのでおもしろいです。私の場合は赤ワインをよく使います。以前、手作りの赤ワインジャムといちじくでカクテルを作ったことがあって、それが感動的なおいしさだったんです。今回はぶどうジャムを使っていますが、もし時間をかけられそうなら赤ワインジャムを手作りされると、とっても合います。どちらかと言うとジャムは心持ち多めくらいのほうが味のバランスがよくなります。

＼ハーイ!／
とろっとろ! うまい!
紅茶を加えたアレンジもおいしかった〜

黄桃とウォッカのカクテル

甘い ジューシー　⊙ ノンアルコールあり　⊙ ブレンド

舌ざわりがよくて
うまみも
濃厚！

AUTUMN

ウォッカ　オレンジ
　　　　　ママレード

※ノンアルの場合は、
ウォッカをオレンジママ
レード大さじ1に代える。
他の材料と分量は同じ。

\デキタヨー/

缶詰の黄桃でも生に
引けを取らずに作
れるレシピです。うまみが
出るので、むしろおすす
めなくらい。ウォッカの代
わりならホワイトラムで。
桃ジャムやオレンジママ
レードを加えて深みを出
すのもいいですね。

\ハーイ!/

白桃とはまた違う味…
缶詰から作れるのもいいね!

材料（1杯分）

黄桃………………… 1個
オレンジジュース… 30ml
ウォッカ……………… 15ml
クラッシュアイス…… 適量
オレンジの皮（飾り用）
………………………… 少量

STEP 1

黄桃の皮と種を取り
一口大に切る

黄桃1個分

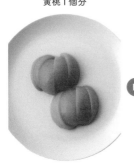

STEP 2

材料全部をブレンダーに入れ
ふたを閉める

氷 クラッシュ
　 アイス
　 適量

ウォッカ　　　　オレンジ
15ml　　　　　ジュース
　　　　　　　　30ml

STEP 3

氷の音がしなくなるまで回し
グラスに注ぐ

《飾り》
オレンジの皮を切り抜き
グラスの縁にはさむ

マスカットとホワイトラムのカクテル

⊙ ノンアルコールあり　⊙ ビルド

さっぱり　軽い

エレガントな
香気と辛口
爽快な味に酔う

\デキタヨー/

マスカットのモヒートです。飾りにカットしたマスカットをのせると、「食べる」「飲む」でマスカットの2つの味が楽しめます。ブレンダーで作るのもおいしいのですが、変色がかなり早いのでここはあえてつぶすレシピで。

\ハーイ!/
ミントは苦手だけど
これならいける!

材料（1杯分）

マスカット 4粒
ミントの葉 1つかみ
ライム 1/4個
ホワイトラム .... 30㎖
トニックウォーター .... 80㎖
クラッシュアイス ..... 適量
マスカット（飾り用）
.... 適量
ライムの輪切り（飾り用）
.... 2枚

\ノンアル/

ホワイトラム　エルダーフラワー
　　　　　　　　シロップ

※ノンアルの場合は、ホワイトラムをエルダーフラワーシロップ20㎖に代える。このシロップがなければなしでOK。他の材料と分量は同じ。

STEP 1

マスカットとミントの葉を
グラスに入れ
すりこぎでよくつぶす

マスカット4粒分
ミントの葉1つかみ

▶

STEP 2

ライムを搾り入れ
ホワイトラムを加える

ホワイト
ラム
30㎖

ライム汁
1/4個分

▶

STEP 3

クラッシュアイスとトニック
ウォーターを順に加え
バースプーンで突き混ぜる

トニック
ウォーター
80㎖

氷

クラッシュ
アイス
適量

《飾り》
ライムの輪切りを入れ
半分に切ったマスカットを
のせてストロー2本を差す

梨とウォッカのカクテル

`さっぱり` `ジューシー` ⊙ ノンアルコールあり ⊙ ブレンド

ミルキーな色と
和素材の風味が
やさしい

PEAR VODKA

AUTUMN

ウォッカ

\ノンアル/
※ノンアルの場合は、ウォッカを除き、グレープフルーツジュースを30mℓ、カルピス（原液）を10mℓにする。他の材料と分量は同じ。

\デキタヨー/

梨 がもっている淡い雰囲気を残しつつカルピスと合わせ、どことなく懐かしい感じが出るようにしました。梨には酸味がほぼないので、最低限の酸味をグレープフルーツジュースで補います。ウォッカを白ワインに代えるのもおすすめです。

\ハーイ!/
なんか飲んだことあると思ったらカルピス! 飲みやす〜い

材料（1杯分）

梨 ·······················1/2個
グレープフルーツ
　ジュース ···············25mℓ
乳酸飲料（カルピス［原液］）
　·······························5mℓ
ウォッカ ·····················15mℓ
クラッシュアイス ······適量
梨（飾り用）···········少量

STEP 1
梨の皮と芯を取り
一口大に切る

梨1/2個分

▶

STEP 2
材料全部をブレンダーに入れ
ふたを閉める

ウォッカ
15mℓ

カルピス
（原液）
5mℓ

グレープ
フルーツ
ジュース
25mℓ

氷
クラッシュ
アイス
適量

▶

STEP 3
氷の音がしなくなるまで回し
グラスに注ぐ

《飾り》
飾り切りをした梨を
グラスの縁にはさむ

ざくろとウォッカのカクテル

\デキタヨー/

ざくろの果汁は取るのが大変! 少ししか取れません。一般にはアルコール度の高いお酒と合わせ、小さめのグラスで提供するのですが、今回はざくろのエッセンスをクランベリージュースでのばして、飲みやすくしました。

\ハーイ!/

ざくろのカクテルはジャックローズが有名だけど、これも好き♡

⊙ ノンアルコールあり　⊙ ビルド　さっぱり

アセロラ風の味と情熱の赤に元気をもらう

ウォッカ

AUTUMN

材料（1杯分）

ざくろの実＊ ……………50g
クランベリージュース
………………………90㎖
ウォッカ………………20㎖
氷………………………適量
ざくろの実（飾り用）
…………………………7、8粒

＊ざくろの実の取り出し方はP47参照。

\ノンアル/
※ノンアルの場合は、ウォッカを除き、クランベリージュースを100㎖にして、砂糖小さじ1と1/2を加える。他の材料と分量は同じ。

STEP 1
ざくろの実をグラスに入れすりこぎでつぶす

ざくろの実50g分

STEP 2
ざくろ果汁をストレーナーでこしてサーブグラスに入れる

STEP 3
残りの材料と氷を加え15回ほど混ぜる

クランベリージュース90㎖
ウォッカ20㎖
氷 適量

〈飾り〉
ざくろの実を浮かべる

ひゅうがなつとホワイトラムのカクテル

さっぱり ジューシー ▶ノンアルコールあり ▶ステア

軽快な
さわやかさが
体をかけ抜ける

WINTER

STEP 1

ひゅうがなつは皮を薄くむき
一口大に切る

STEP 2

氷以外の材料全部を
ブレンダーに入れて
なめらかになるまで回す

STEP 3

いったん別のグラスにこし入れ
氷を加えて十分に冷やす
氷を除いてサーブグラスに移す

ひゅうがなつ1個分

ホワイトラム
30㎖

トニック
ウォーター
30㎖

《飾り》
ひゅうがなつの皮を
すりおろしてのせる

材料（1杯分）

ひゅうがなつ	1個
ホワイトラム	30㎖
トニックウォーター	30㎖
氷	1個
ひゅうがなつの皮（飾り用）	少量

＼ノンアル／

レモン
ママレード

ホワイトラム

※ノンアルの場合は、
ホワイトラムをレモンマ
マレード大さじ1に代
え、トニックウォーター
を40㎖にする。他の材
料と分量は同じ。

＼デキタヨー／

ソルクバーノというカクテルをひゅう
がなつにアレンジしてみました。ソ
ルクバーノは炭酸の効いたさわやかな
カクテルですが、今回はブレンダーで
炭酸を飛ばしています。ひゅうがなつは
フカフカした白い部分も美味。できるだ
け残してブレンダーにかけます。こすか
どうかはお好みで。なめらかな質感が好
きなので、私はこすようにしています。ホ
ワイトラムを合わせるのもおいしいです
が、お好みでジンやウォッカ、白ワインに
代えてみるのもおもしろいですよ。

＼ハーイ！／
スパークリングワインとの組み合わせも
おいしかったね！

87

りんごと林檎酒のカクテル

さっぱり ジューシー ▷ノンアルコールあり ▷ブレンド

WINTER

まるで
すりおろしりんご
のジュース！

STEP 1

りんごは皮と芯を取り
一口大に切る

りんご1/2個分

STEP 2

材料全部をブレンダーに入れ
ふたを閉める

グレープフルーツ
ジュース 30mℓ

林檎酒
30mℓ

氷 クラッシュ
アイス
適量

STEP 3

氷の音がしなくなるまで回し
グラスに注ぐ

《飾り》
飾り切りをしたりんごをのせ
ストロー2本を差す

材料(1杯分)

りんご···1/2個
グレープフルーツジュース·····························30mℓ
りんごリキュール
　（林檎酒［リンチンチュウ］）·····················30mℓ
クラッシュアイス··適量
りんご（飾り）··適量

\ノンアル/

林檎酒

青りんご
シロップ

※ノンアルの場合は、
林檎酒を青りんごシ
ロップ15mℓに代える。
他の材料と分量は同じ。

\デキタヨー/

り んごのカクテルを考えた時、「甘め」
と「さっぱりめ」どちらのアレンジに
しようか悩んだのですが、今回は「さっ
ぱりめ」で。それで加えたのが青りんご
の香りがする林檎酒。りんごジュースを
使うのもありなのですが、もう少し香りに
幅をもたせたいのでグレープフルーツ
を選択。お好みでライムやレモンを搾
ると、よりさっぱりめにできます。ちなみに
「甘め」のレシピはブランデー15mℓ、り
んごジャム大さじ3、ジンジャーエール
40mℓ、シナモンパウダー1ふりをりんごと
ともにブレンダーで回します。

\ハーイ!/

りんごが余ってる人って多いから
活用してほしいレシピだね

きんかんと杏露酒のカクテル

 ジューシー　　▷ノンアルコールあり　▷ブレンド

WINTER

新年の
乾杯は
このカクテルで!

STEP 1

きんかんは半分に切り
種を取る

STEP 2

材料全部をブレンダーに入れ
ふたを閉める

STEP 3

氷の音がしなくなるまで回し
グラスに注ぐ

きんかん3個分

オレンジ
ジュース100mℓ

杏露酒
15mℓ

レモン汁
5mℓ

氷

クラッシュ
アイス
適量

材料（1杯分）

きんかん……………………………………………3個
オレンジジュース………………………………100mℓ
レモン汁……………………………………………5mℓ
アプリコットリキュール（杏露酒［シンルチュウ］）
……………………………………………………15mℓ
クラッシュアイス…………………………………適量

杏露酒

\ノンアル/

あんずジャム

※ノンアルの場合は、杏
露酒をあんずジャムまた
はオレンジママレード大
さじ1に代える。他の材料
と分量は同じ。

\デキタヨー/

きんかんは果汁が少なく、むしろ香り
を楽しむフルーツです。そこで果汁
を補い、甘やかな香りを移すために、オ
レンジジュースを加えます。しかしそれ
だけでは香りが弱いので、きんかんの
香りを強調するため、杏露酒を選びまし
た。生のきんかんをちびりちびりかじりな
がら飲むのも一興ですよ。実はこのレシ
ピ、そのままホットカクテルにしてもおい
しいです。小鍋で温めて、湯気が少し出
るくらいで火を止めるのがいいでしょう。

\ハーイ!/
このきんかんジュース、気づいたら
飲みすぎた～

みかんと日本酒のカクテル

甘い

▶ ノンアルコールあり　▶ ビルド

冬の和の
味覚が体に
やさしくしみる

WINTER

STEP 1

みかんは皮をむき
すりこぎでつぶす

みかん2個分

※他の柑橘類と同様に搾り器で
果汁を搾ってもよい

STEP 2

ストレーナーでこして
グラスに注ぐ

STEP 3

残りの材料を加え
20回ほど混ぜる

日本酒
15㎖

コアントロー
5㎖

レモン汁
5㎖

氷
適量

《飾り》
マラスキーノチェリーと
型抜きしたレモンの皮を
ピックに刺して添える

MANDARIN SAKE

材料（1杯分）

みかん	2個
日本酒	15㎖
ホワイトキュラソー（コアントロー）	5㎖
レモン汁	5㎖
氷	適量
マラスキーノチェリー（飾り用）	1個
レモンの皮（飾り用）	少量

日本酒

コアントロー

/ノンアル/

甘酒

オレンジ
ママレード

※ノンアルの場合は、日本酒とコアント
ローを甘酒30㎖とオレンジママレード大
さじ1に代える。他の材料と分量は同じ。

\デキタヨー/

余ったみかんを見つめながら、和の
素材同士、日本酒に合わないわ
けはない！と強い確信のもと、作ったカ
クテルです。決して年始の余りものを消
化したいがために作ったわけではない
のですよ??? ただ、この2つだけではも
の足りないので、コアントローでアクセン
トをつけ、レモンで締めました。コアント
ローがなければ、オレンジママレードや
あんずジャムを少し加えてください。ア
レンジで、ジンジャーエール50㎖を加
えたり、ホットカクテルにするのもおすす
めです。

\ハーイ!/
みかんと日本酒って意外と合う！

レモンとウォッカのカクテル

さっぱり **軽い** ▶ ノンアルコールあり ▶ ビルド

> 切れ味と
> さわやかさ
> 120％！

／ノンアル／

ウォッカ　レモン
　　　　　ママレード

※ノンアルの場合は、
ウォッカと砂糖をレモン
ママレード大さじ2に代
える。他の材料と分量は
同じ。

\デキタヨー/

レモン、と聞くと夏のイ
メージがありますが、
国産レモンは冬が旬。カクテ
ルを作るために、まずはレモ
ンを搾りますが、この搾り方ひ
とつにもバーテンダーの技
量が出ます。皮の下の白い
部分に苦味があるので、果
肉のみをいかにきれいに搾
るかで味がぜんぜん違うの
です。このレシピはソーダを
お湯に代えて、ホットで飲ん
でもおいしいですよ。

\ハーイ!/

大人のレモンサワーって感じ!
今度また、作ってもらおーっと、
いいよね?（圧）

材料（1杯分）

レモン……1個（果汁30㎖）
砂糖………小さじ1と1/2
ウォッカ………………20㎖
ソーダ………………100㎖
氷…………………………適量
レモンの輪切り（飾り用）
…………………………3、4枚

STEP 1
レモンは半分に切り
搾り器で果汁を搾る

レモン1個分

STEP 2
ソーダと氷以外の材料を加え
軽く混ぜる

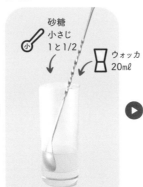

砂糖
小さじ
1と1/2

ウォッカ
20㎖

STEP 3
ソーダを注ぎ入れ
氷を静かに加える

ソーダ
100㎖

氷
適量

《飾り》
レモンの輪切りを差し込む

\ デキタヨー /

ゆずとチャミスルのホットカクテル

▶ ノンアルコールあり　▶ ビルド　さっぱり　軽い

ゆずの香りの
一杯に体が
芯から温まる

ゆずは四国や九州での生産量が多いので、産地が近いお酒である焼酎を使ってみました。ただし芋焼酎は主張が強すぎるので麦焼酎で。韓国産ではありますが、チャミスルは日本の焼酎と比べてマイルドなのでこちらを使うと飲みやすく仕上げられます。ゆずは香りを楽しむもの。仕上げに皮を加えてください。湯気とともに香りが立ちます。

\ ハーイ！/

冬の時期に温まる〜
すだちも合いそう！

材料（1杯分）

ゆず	1個
砂糖	小さじ1
麦焼酎（チャミスル）	20mℓ
湯	100mℓ
ゆずの皮（飾り用）	適量

\ ノンアル /

チャミスル　レモンママレード

※ノンアルの場合は、チャミスルと砂糖をレモンママレード1と1/2に代える。他の材料と分量は同じ。

STEP 1

ゆずは半分に切り
搾り器で果汁を搾る

ゆず1個分

STEP 2

湯以外の材料をグラスに
入れる

チャミスル　小　砂糖
20mℓ　　　小さじ1

STEP 3

湯を加える

湯100mℓ

《飾り》
飾り切りした
ゆずの皮を入れる

きんかんとコアントローのカクテル

甘い ▶ノンアルコールあり ▶ビルド

> きんかんが
> 洗練された
> 大人の雰囲気に

WINTER

\ノンアル/

コアントロー　はちみつ

※ノンアルの場合は、コアントローをはちみつ大さじ1に代え、レモン汁を10mlにする。他の材料と分量は同じ。

\デキタヨー/

きんかんの種は、半分に切ってから包丁の先で取るのがおすすめです。果汁が少ないフルーツなのでオレンジジュースを加え、コアントローで香りの後押し。ジンジャーの香りを少し足して、さらに大人っぽく！

\ハーイ!/

きんかんって皮を食べるんだ…！
不思議な感じだけどおいしい！

材料（1杯分）

きんかん	3個
オレンジジュース	80ml
ジンジャーエール	20ml
レモン汁	5ml
ホワイトキュラソー（コアントロー）	15ml
氷	適量
きんかん（飾り用）	適量

STEP 1
きんかんは半分に切って種を取り
すりこぎでつぶして香りを出す

きんかん3個分

▶

STEP 2
残りの材料を加える

ジンジャーエール20ml
オレンジジュース80ml
レモン汁5ml
コアントロー15ml

▶

STEP 3
氷を加え
20回ほど混ぜる

氷　適量

《飾り》
半分に切ったきんかんをのせる

バナナとアマレットのカクテル

⊙ ノンアルコールあり　⊙ ブレンド　　甘い　ジューシー

\デキタヨー/

バナナには果実系のリキュールよりも、アマレットやカリブのようにナッツ系のものが合います。バナナを冷凍して氷なしで作れば、濃厚バナナスムージーカクテルに。真夏に飲んでも最高ですよ！実はアマレットを杏仁豆腐で代用する裏技も動画でやっていたりします（笑）。

> バナナ
> ムースケーキの
> 味わいをグラスに

\ノンアル/

アマレット　　アマレット
　　　　　　　シロップ

WINTER

\ハーイ！/
まるでデザート！
大人のバナナスムージーみたい…

材料（1杯分）

バナナ 1本
アマレット 15mℓ
牛乳 45mℓ
クラッシュアイス ..... 適量
チョコレート（飾り用）
.... 少量

※ノンアルの場合は、アマレットをアマレットシロップに代える。他の材料と分量は同じ。

STEP 1
バナナは皮をむき
5mm厚さに切る

バナナ1本分

▶

STEP 2
材料全部をブレンダーに入れ
ふたを閉める

アマレット　　牛乳
15mℓ　　　　 45mℓ

氷

クラッシュ
アイス
適量

▶

STEP 3
氷の音がしなくなるまで回し
グラスに注ぐ

《飾り》
刻んだチョコレートをのせる

おつまみの話

おうちカクテルを楽しむとき、おいしいおつまみもあるともっと楽しいですよね。いつもの料理より少しパンチを効かせるように作るとお酒がすすみます。なるべくカンタン！時には手間をかけつつ、つい飲んでしまうような一品を閣下（妻）に食べてもらいたい…そんな我が家のおつまみをご紹介します。

ちくわアスパラのみそマヨチーズ焼き

（2人分）

ちくわ3本は縦半分に切る。アスパラガス3本は下半分の皮をむき、ちくわの長さに切る。ボウルにマヨネーズ大さじ2、みそ小さじ1/2、麺つゆ（3倍濃縮）、砂糖各小さじ1/4、七味唐辛子少量を入れてよく混ぜ、ちくわの縦溝に塗る。その上にアスパラガスをのせ、溶けるチーズ1枚を3等分にちぎってのせる。オーブントースターでこんがり焼いて器に盛り、好みで七味唐辛子をふる。

※ジントニック（⇒P134）と七味唐辛子の香りがよく合います。

青じそキャロットラペ

（2人分）

にんじん1本はせん切りにし、ボウルに入れる。白ワインビネガー、レモン汁各大さじ1、砂糖小さじ2、塩、白こしょう各少量を加え、よく混ぜる。青じそ10枚をみじん切りにしてにんじんに加え、オリーブ油大さじ1をふりかけて再び混ぜる。

※こちらは白ワインやジンフィズ（⇒P135）にとてもよく合うおつまみです。しそ嫌いの閣下（妻）ですらおかわりを所望…健康にもよさそうです。

オクラ＆ささみの梅おかかあえ

（2人分）

オクラ1袋はゆでて一口大に切る。同じ湯でささみ2枚をゆでる。ボウルにごま油小さじ1、おろしにんにくチューブ0.5cm、酢大さじ3、砂糖大さじ2、麺つゆ（3倍濃縮）小さじ2を入れてよく混ぜる。ささみを一口大に手で裂きながら加え、オクラ全量、白いりごま、削りがつお各適量を加えてあえる。

※梅酒ソーダ缶使用（⇒P18）、レモンサワー缶使用（⇒P12）のカクテルによく合います。私のように酸味がお好きなら、間違いなく気に入ってもらえると思います。

キュウリとツナの中華風あえ

（2人分）

きゅうり1本を細切りにしてボウルに入れ、ツナ缶1缶、白いりごま適量、ごま油小さじ1、豆板醤小さじ1、砂糖小さじ1と1/2、おろしにんにくチューブ1cm、麺つゆ（2倍濃縮）大さじ2を加えて混ぜる。

※ハイボールによく合うおつまみですね。ハイボール缶使用のカクテル（⇒P16）とかいかがでしょうか？手元に残された食材でいかに酒がすすむアテが作れるか？それもまた、私にとって重大な任務なのであります。

れんこんの肉詰め焼き

（2人分）

れんこん1本は皮をむいて長さを半分に切る。ボウルに合い挽き肉100g、塩少量、黒こしょう多めの量（ペッパーミルなら15回）、おろししょうがチューブ1cmを加えて粘りが出るまで混ぜる。れんこんの穴の面を下にしてひき肉に押しつけ、穴の中に肉を詰める。5mm厚さの輪切りにし、片栗粉を薄くつける。フライパンに油大さじ2を熱し、カリッと揚げ焼きにする。

※こちらもハイボールによく合うおつまみです。れんこんに肉を詰める作業は時間がかかりますが（汗）、黒こしょうの香りとサクッとした食感がクセになります。お時間があるときに、ぜひ作ってみてください！

バターリゾット

（2人分）

玉ねぎ1/2個、にんにく1かけをみじん切りにする。鍋に湯300mlを沸かし、あればブーケガルニパック1袋を加えて香りを移し、コンソメスープの素1個を加えてスープを作る。フライパンにバター大さじ1を溶かし、にんにく、玉ねぎを順に入れてしんなりするまで炒める。米2合を洗わずに加えて炒め、白ワイン100ml、あればセロリの葉1枚、スープ玉じゃくし3杯を加え、水分がなくなるまで弱火で煮る（味を見て、まだ米がかたい場合はスープ玉じゃくし1/2を足してさらに煮る）。器に盛り、黒こしょう少量をふる。

※おつまみというよりは食事。おともには、ぜひ白ワインを。好みで粉チーズをかけてもおいしいですよ。

CHAPTER **4**

絶対に失敗しない
シェイクカクテル

チャイナブルー風カクテル

さっぱり ▶ノンアルコールあり ▶シェイク

美しいブルーと
ライチの香りで
リラックス

SHAKE

STEP 1

シェーカーに材料すべてと
氷を入れる

グレープフルーツ
ジュース 60mℓ

ブルー
シロップ
10mℓ

荔枝酒
20mℓ

氷
5、6個

※写真は氷以外の
シェイク材料を合わせたもの

STEP 2

ふたをして
25～30回ふる

＼シェイク／

＼シェイク／

STEP 3

でき上がり
カクテルグラスに注ぎ入れる

涼やかな香り！

材料（1杯分）

グレープフルーツジュース	60mℓ
ライチリキュール（荔枝酒［ライチチュウ］）	20mℓ
ブルーシロップ	10mℓ
氷	5、6個

＼ノンアル／

荔枝酒

ライチ
シロップ

※ノンアルの場合
は、荔枝酒をライチ
シロップ15mℓに代
え、グレープフルーツ
ジュースを65mℓにす
る。他の材料と分量
は同じ。

＼デキタヨー／

目に鮮やかなブルー、ライチの華や
かな香りとグレープフルーツのさ
わやかさ。人気の定番カクテルをショー
トアレンジでご紹介。写真のように三角
のカクテルグラスに入れたり、トニック
ウォーターを加えてタンブラーでお出し
することもできます。なかなか手軽には
食べることができないライチ。その香りを
ぜひ楽しんでください。ちなみにネーミ
ングは、中国陶磁器の鮮やかな青色に
由来するといわれています。

＼ハーイ！／
青色が透き通っててキレイ！
ライチが効いてる…

CHINA BLUE STYLE

シーブリーズ

 さっぱり　⊙ノンアルコールあり　⊙シェイク

ピンクレッドの色と
さわやかさが
女性に人気

SHAKE

STEP 1
シェーカーに材料すべてと
氷を入れる

クランベリー
ジュース 35ml

グレープ
フルーツ
ジュース
35ml

ウォッカ
10ml

氷
5、6個

※写真は氷以外の
シェイク材料を合わせたもの

STEP 2
ふたをして
20回ほどふる

＼シェイク／

＼シェイク／

STEP 3
でき上がり
カクテルグラスに注ぎ入れる

すっきり！

材料（1杯分）

クランベリージュース ……………………………… 35ml
グレープフルーツジュース ……………………… 35ml
ウォッカ ………………………………………………………… 10ml
氷 ……………………………………………………………… 5、6個

ウォッカ

＼ノンアル／

※ノンアルの場合は、
ウォッカを除く。他の
材料と分量は同じ。

＼デキタヨー／

普 通はロングスタイルで提供するカ
クテルをショートスタイルにして
みました。シーブリーズ（海のそよ風）と
いうネーミングどおり、グレープフルーツ
ジュースがさわやかさを演出します。ち
なみにノンアルコールの場合は、バージ
ンシーブリーズと呼ばれます。クランベ
リーとグレープフルーツと聞けば、私は
このカクテルが自然と思い浮かんでし
まいます。華やかな赤色がなんとも美し
いですね。

＼ハーイ！／
鮮やかでさっぱり〜
いくらでも飲めちゃいそう！

103

りんごとエルダーフラワーのカクテル

 さっぱり　　⊙ノンアルコールあり　⊙シェイク

> 飲むにつれ
> 親しみやすさに
> 奥深さが加わる

SHAKE

STEP 1
シェーカーに材料すべてと
氷を入れる

りんごジュース
60ml

サンジェルマン
25ml

ライム汁
1/8個分

氷
5、6個

※写真は氷以外の
シェイク材料を合わせたもの

STEP 2
ふたをして
20〜25回ふる

＼シェイク／

＼シェイク／

STEP 3
でき上がり
カクテルグラスに注ぎ入れる

さわやか!

▶

材料（1杯分）

りんごジュース	60ml
エルダーフラワーリキュール*	
（サンジェルマン）	25ml
ライム汁	1/8個分
氷	5、6個

＊サンジェルマンがない場合は、エルダーフラワーシロッ
プ15ml＋ウォッカ10mlで代用する。

サンジェルマン

＼ノンアル／

エルダーフラワー
シロップ

※ノンアルの場合は、
サンジェルマンをエ
ルダーフラワーシロッ
プ15mlに代え、りんご
ジュースを70mlにす
る。他の材料と分量は
同じ。

＼デキタヨー／

りんごはフルーツ系、フローラル系、
スパイス系など、さまざまな風味を
受け止められる懐の深さをもっていま
す。ここではフローラル系のエルダーフ
ラワー。私が大好きな組み合わせです。
ライムは必要不可欠というわけではあ
りませんが、やはりひと搾りすると全体
にグッと、複雑さが増すように思います。
アレンジでりんごジュースをカモミール
ティーに代えてみてもおいしいですよ。
ホットでもいけます。

＼ハーイ!／
りんごのカクテルって
あまり見ないかも?
飲みやすくていやされる〜

バレンシア風カクテル

甘い ⊙ ノンアルコールあり ⊙ シェイク

生よりも濃厚！
オレンジ風味
120％！

STEP 1

シェーカーに材料すべてと
氷を入れる

オレンジジュース
60mℓ

杏露酒
25mℓ

レモン汁
5mℓ

氷
5、6個

※写真は氷以外の
シェイク材料を合わせたもの

STEP 2

ふたをして
30〜40回ふる

長めにシェイク！

シェイク…

STEP 3

でき上がり
カクテルグラスに注ぎ入れる

オレンジが香る！

材料（1杯分）

オレンジジュース	60mℓ
アプリコットリキュール　（杏露酒［シンルチュウ］）	25mℓ
レモン汁	5mℓ
氷	5、6個

杏露酒

＼ノンアル／

あんず
ジャム

※ノンアルの場合は、杏露酒を
あんずジャムまたはオレンジマ
マレード大さじ1に代え、オレン
ジジュースを70mℓにする。他の
材料と分量は同じ。

＼デキタヨー／

スペインのバレンシア地方はオレンジの産地。それにちなんだとされるカクテルに、オレンジジュースとアプリコットリキュール、数滴のビターズを加えたバレンシアがあります。今回は本格的なバレンシアをもう少し親しみやすい感じにしようと思い、ビターズをレモン汁に代えて調整しました。アルコール度も他に比べると低め。作りやすく飲みやすいので、シェイク入門におすすめのカクテルです。

＼ハーイ！／

大人のオレンジジュースみたい！
みかんで作ってもおいしそう…

ピニャコラーダ風カクテル

 甘い   ▷ノンアルコールあり ▷シェイク

> クリーミーな
> ココナッツ味は
> 感動的!

SHAKE

STEP 1
シェーカーに材料すべてと
氷を入れる

STEP 2
ふたをして
30〜40回ふる

STEP 3
でき上がり
カクテルグラスに注ぎ入れる

パイナップルジュース
30mℓ

マリブ
30mℓ

生クリーム
30mℓ

氷 5、6個

※写真は氷以外の
シェイク材料を合わせたもの

\強めに長めに/
シェイク

\シェイク…/

常夏！トロピカル！

材料（1杯分）

パイナップルジュース	30mℓ
ココナッツリキュール（マリブ）	30mℓ
生クリーム	30mℓ
氷	5、6個

\ノンアル/

ココナッツミルク

マリブ

※ノンアルの場合は、マリブ
をココナッツミルクに代え、砂
糖小さじ1を加える。他の材
料と分量は同じ。

\デキタヨー/

カリブ海のプエルトリコ生まれのカク
テル。「パイナップルが茂る峠」とい
う意味だそうです。本来はクラッシュアイ
スを敷き詰めて提供するロングタイプカ
クテル。飾りを豪勢にすることも多いで
す。手間も結構かかるので、手軽に楽し
めるようにしてみました。コツは、生クリー
ム入りなので、しっかりシェイクすること。
こうすることで空気がたっぷり入り、ふん
わりクリーミーな質感になります。南国気
分を味わってみてください。

\ハーイ！/
気分は南国！
どこか旅行に連れてってほしいな〜

ぶどうとカシスのカルピスカクテル

甘い　　▶ノンアルコールあり　▶シェイク

濃厚で
少し甘酸っぱい
黒ぶどうの味

SHAKE

STEP 1
シェーカーに材料すべてと
氷を入れる

ぶどうジュース
60mℓ

カシス
リキュール
15mℓ

ルピス（原液）
mℓ

モン汁
ℓ

氷
5、6個

※写真は氷以外の
シェイク材料を合わせたもの

STEP 2
ふたをして
35〜40回ふる

＼長めにシェイク／

＼シェイク…／

STEP 3
でき上がり
カクテルグラスに注ぎ入れる

エレガント！

材料（1杯分）

ぶどうジュース	60mℓ
カシスリキュール	15mℓ
乳酸飲料（カルピス［原液］）	10mℓ
レモン汁	5mℓ
氷	5、6個

＼ノンアル／

カシス
シロップ

カシスリキュール

※ノンアルの場合
は、カシスリキュール
をカシスシロップ10
mℓに代える。他の材
料と分量は同じ。

＼デキタヨー／

ブルーベリー味の乳酸飲料にハマっ
ていた時期に、思いついたカクテ
ルです。カシスオレンジなど、飲みやす
いイメージがあるカシス。奥に大人の
ニュアンスが隠れているところも好きで
す。カルピスで丸みを持たせつつ、ぶど
うジュースで全体をつなげました。味が
薄くなりにくい組み合わせです。長めに
シャカシャカしてください。よければお
好みで赤ワインかブランデーを5mℓほど
入れてみてください。より複雑でカクテ
ルらしい奥行きが生まれます。

＼ハーイ！／
ブルーベリーヨーグルト
みたい！

アマレットと紅茶のカクテル

甘い　 ⊙ノンアルコールあり　⊙シェイク

AMARETTO

SHAKE

甘く心安らぐ
紅茶の香りに
うっとり

STEP 1
シェーカーに材料すべてと
氷を入れる

紅茶（アールグレイ）
75㎖

氷
5、6個

アマレット
15㎖

※写真は氷以外の
シェイク材料を合わせたもの

STEP 2
ふたをして
25〜30回ふる

＼シェイク／

＼シェイク／

STEP 3
でき上がり
カクテルグラスに注ぎ入れる

秋の香り！

材料（1杯分）

紅茶（アールグレイ）……………………75㎖
アマレット………………………………15㎖
氷…………………………………………5、6個

アマレット

＼ノンアル／

アマレット
シロップ

※ノンアルの場合は、アマレット
をアマレットシロップ10㎖に代
え、紅茶を80㎖にする。氷の分
量は同じ。

＼デキタヨー／

紅茶にアマレット…王道の組み合
わせです！本当によく合います。
杏仁豆腐のような風味にお茶のアロマ、
なんとも秋らしい上品なカクテルにな
りました。お好みでオレンジママレード
小さじ1を加えると、フルーティーさが加
わって表情が変わります。オレンジ好き
な方はお試しください。ホットもおすす
めです（⇒P121）。アールグレイの他、
ルイボスティーなどお好みのお茶を入
れて、シャカシャカしてみてください。

＼ハーイ！／
ホットにしても
おいしそう！

閣下（妻）のお話

YouTube では最後に
「ハーイ」とだけ声出演する閣下。
いったいどんな人？ という疑問に答えて
少しだけその姿をお伝えします。

「閣下」と呼ぶようになったわけ

YouTube を始めたころはまだ「嫁さん」と呼んでましたね…いや、「大統領」だったかな？（笑）「閣下」に呼び名が変わったのは少し経ってからです。それからというもの、あれよあれよと視聴者さんも激増して…閣下も私もびっくりしていました。もちろんうれしかったです！ 本当にありがとうございます。

一方の私は「臣下」（端から見るとすさまじい落差ですね）。視聴者さんがそう呼んでくれました。

どうして私が閣下と呼ぶようになったか、よく聞かれるので少しお話しますね。

閣下（妻）は毎日、"魔界"という名の職場へと向かわれるので、全力でお見送りしているわけですが、私はといえば完全なヒモニートです。圧倒的な経済格差ですね（笑）。バーテンダーを辞めてからというもの、ヒモニートの所作にますます磨きがかかっているように感じますが…。

ある日、家庭内でのヒエラルキーを感じた私は、ノリと勢いで妻を「閣下」と呼びました。その日から現在に至るまで、この呼び名は続いているわけです。

あっ、家事全般は私がちゃんとやって、お仕え申しております（笑）。いつかは収入を超えて、家事もやって、閣下に楽してもらいたいです。

「閣下」のおかげで料理の腕がアップ

もともと料理上手ではなかったのですが、閣下と結婚してからは料理が楽しくなってきました。最近では家事のなかで一番好きです。ソース作りとカクテル作りは、少し感覚が近いかもしれません。

閣下が辛いものが好きなので、ご要望に応じて唐辛子が効いた中華やパスタをよくお作りします。最近はキッシュや牛肉の赤ワイン煮込みなど、2人とも大好きなフランス料理に挑戦することも増えてきました。

閣下はどの料理もおいしそうに召し上がられるのですが、舌が肥えているので、声のトーンや表情で評価が微妙に分かれているのを感じ取れます（笑）。ですが、いつも「手料理」を心待ちにしてくれています。作りがいがありますね！

「カンパーイ」が楽しい！

夫婦円満の秘訣は？と、たまに聞かれますが、ずばり「乾杯」です。我が家で、旅先で、疲れた日でもケンカした日でも、お酒とお料理があれば心強いです。だいたい酔っ払ってしまい、何を話したかは忘れてますが（笑）。

どんなに仲のいい人たちでも、お互いピリピリしちゃう時があります。「好きなものが一緒」というのは思ったより大事なことかもしれませんね。

CHAPTER 5

体の芯から温まる
ホットカクテル

ブランデーとりんごのホットカクテル

甘い

⊙ノンアルコールあり　⊙ビルド
⊙グラスは耐熱用を使ってください

りんごケーキの
風味を温かい
ドリンクで

ブランデー

材料（1杯分）

ブランデー················20㎖
りんごジャム··········大さじ2
ジンジャーエール····120㎖
シナモンパウダー······2ふり

※ノンアルの場合はブランデー
を除く。他の材料と分量は同じ。

STEP 1
小鍋にすべての材料を入れて
弱火にかける

STEP 2
全体から湯気が
少し出始めたら、火を止める

STEP 3
グラスに注ぐ

＼デキタヨー／

このカクテルはタルトタタンを食べている時に思いつきました。りんご
とシナモン、ブランデーも相性がよい…と考えているうちに、しょう
が風味のジンジャーエールも加えることに。先にグラスを温めておくと、さ
らに味わい深くなります。

杏露酒ときんかんのホットカクテル

甘い

⊙ ノンアルコールあり　⊙ ビルド
⊙ グラスは耐熱用を使ってください

きんかんの
甘い香りに
寒さを忘れて

杏露酒　あんずジャム

材料（1杯分）

アプリコットリキュール
（杏露酒［シンルチュウ］）……30mℓ
きんかん…………………2個
はちみつ……………大さじ1
レモン汁……1/2個（果汁15mℓ）
湯……………………120mℓ

※ノンアルの場合は、杏露酒と
はちみつをあんずジャムまたは
オレンジママレード大さじ2に代
える。他の材料と分量は同じ。

STEP 1
きんかんは半分に切って
種を取る

STEP 2
グラスに湯以外の
すべての材料を入れる

STEP 3
湯を注いで混ぜる

\デキタヨー/

は ちみつ入りきんかん喉あめをなめている時、ピン！とひらめいたカ
クテルです。ここにお酒を加えるなら、杏露酒以外に考えられませ
ん。カゼ予防にもなりそうです。

117

レモンチェッロとタイムのホットカクテル

さっぱり

⊙ ノンアルコールあり　⊙ ビルド
⊙ グラスは耐熱用を使ってください

イタリア旅行の
夢を見よう…

レモンチェッロ

材料（1杯分）

レモンチェッロ……………30㎖
レモンジャム………… 大さじ2
レモン……… 1/2個（果汁15㎖）
タイム（飾り用）………… 1、2本
湯………………………120㎖

※ノンアルの場合はレモンチェッ
ロを除き、レモンジャムを大さじ
3にする。他の材料と分量は同
じ。

STEP 1
グラスにタイムと湯以外の
材料を入れる

STEP 2
湯少量を加えてよく混ぜ
残りの湯を注いで混ぜる

STEP 3
タイムを飾る

\デキタヨー/

このカクテルは私の自信作です！タイムの香りがお好きな方は、小鍋
にタイムごと材料すべてを入れて、湯気が少し出始めるまで温める
と、さらにタイムの香りが立ちます。レモンチェッロの代わりに白ワインで
もOKですよ。

サンジェルマンとりんごのホットカクテル

 さっぱり

▶ ノンアルコールあり　▶ ビルド
▶ グラスは耐熱用を使ってください

やさしい清涼感が
体に効きそう

| ノンアル |

サンジェルマン　エルダー
フラワーシロップ

材料（1杯分）

エルダーフラワーリキュール
　（サンジェルマン）…30㎖
りんごジュース………120㎖
レモン汁……………10㎖
りんごの皮（飾り用）…適量

※ノンアルの場合は、サンジェルマンをエルダーフラワーシロップ20㎖に代える。他の材料と分量は同じ。

STEP 1
小鍋にリキュールと飾り以外の材料を入れて弱火にかける

STEP 2
全体から湯気が少し出始めたら火を止める

STEP 3
グラスに注ぎ
サンジェルマンを加えて混ぜ
型抜きしたりんごの皮を飾る

\デキタヨー/

りんごとエルダーフラワーのカクテル（⇒P104）をホットにした感じです。また、りんごジャムを加えると、もっとしっかりした味になります。もしサンジェルマンがないときは、エルダーフラワーシロップ15㎖＋ウォッカ10㎖で代用できます。

ウォッカとグレープフルーツジュースのホットカクテル

さっぱり　　⊙ノンアルコールあり　⊙ビルド
⊙グラスは耐熱用を使ってください

> 楽しく飲んで
> ビタミンC補給

ウォッカ

材料（1杯分）

ウォッカ ……………………20㎖
乳酸飲料（カルピス［原液］）
…………………………30㎖
グレープフルーツジュース
……………120㎖
コリアンダーパウダー …1ふり
グレープフルーツの皮（飾り用）
……………………………適量

※ノンアルの場合は、ウォッカを
除く。他の材料と分量は同じ。

STEP 1
小鍋に飾り以外の材料を入れて
弱火にかける

STEP 2
全体から湯気が少し出始めたら
火を止める

STEP 3
グラスに注いで型抜きした
グレープフルーツの皮を飾る

＼デキタヨー／

グレープフルーツとコリアンダーの仲よしコンビです。ホットにすると柑橘の苦味がうるさいかなぁと思ったので、カルピスでコクを出しつつ丸みをもたせました。グレープフルーツの皮を型抜きして飾ると、見ばえがします。

アマレットと紅茶のホットカクテル

 甘い

▸ノンアルコールあり ▸ビルド
▸グラスは耐熱用を使ってください

> 湯気とともに
> 華やかさが
> ふわっと広がる

\ノンアル /

アマレット　アマレットシロップ

材料（1杯分）

アマレット 30mℓ
紅茶（ストレート）..... 120mℓ
オレンジママレード
.... 大さじ1
オレンジの皮（飾り用）... 適量

※ノンアルの場合は、アマレット
をアマレットシロップ 10mℓ に代
える。他の材料と分量は同じ。

STEP 1
小鍋に飾り以外の材料を入れて
弱火にかける

STEP 2
全体から湯気が少し出始めたら
火を止める

STEP 3
グラスに注ぎ
型抜きしたオレンジの皮を飾る

\デキタヨー /

オリジナルのカクテル作りにチャレンジしたいときは、アマレットを杏露酒やピーチリキュールなど、果実系に変えると作りやすいです。最後に加えたオレンジの皮は、香りづけのため。レモンでも悪くはないのですが、温かみのある風味が合いそうなのでオレンジで。

ホット白ワインカクテル

▷ ノンアルコールあり　▷ ビルド
▷ グラスは耐熱用を使ってください

タイムの香りを
加えて
さわやかに

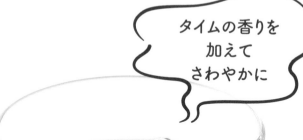

ノンアル

白ワイン　ノンアルコール
　　　　　白ワイン

材料（1杯分）

白ワイン ························· 90mℓ
ジンジャービア ············· 60mℓ
はちみつ ···················· 小さじ2
レモンの輪切り ············· 1枚
タイム ······················· 2、3本

※ノンアルの場合は、白ワインを
ノンアル白ワインに代え
る。他の材料と分量は同じ。

STEP 1
小鍋にすべての材料を入れて
弱火にかける

STEP 2
全体から湯気が少し出始めたら
火を止める

STEP 3
すべてをグラスに移す

\デキタヨー/

オペレーターという、白ワインのジンジャーエール割りをホット用にアレンジしてみました。ホットワインは材料が多くなりがちですが、このレシピは材料を少なくし、失敗しにくいようにしました。ジンジャービアの代わりにジンジャーエールでもよいのですが、少し色が濃くなります。

ホット赤ワインカクテル

 甘い

⊙ノンアルコールあり　⊙ビルド
⊙グラスは耐熱用を使ってください

クローブを
加えて
スパイシーに

赤ワイン

＼ノンアル／

ノンアルコール
赤ワイン

材料（1杯分）

赤ワイン......................90㎖
ジンジャーエール......60㎖
はちみつ....................大さじ1
オレンジの半月切り.....2枚
クローブ......................4個

※ノンアルの場合は、赤ワインを
ノンアルコール赤ワイン90㎖に
代える。他の材料と分量は同じ。

STEP 1
小鍋にすべての材料を入れて
弱火にかける

STEP 2
全体から湯気が少し出始めたら
火を止める

STEP 3
すべてをグラスに移す

＼デキタヨー／

赤ワインのジンジャーエール割りは、キティといいます。ジンジャーエールをぶどうジュースに代えても大丈夫です。よりジューシーな印象になります。クローブは赤ワインと相性がよいところから、牛肉やプラムの赤ワイン煮などに使われるスパイスです。慣れてきたらシナモンやアニスなど、お好きなスパイスを加えてアレンジしてください。

アイスクリームカクテル

アイスクリームをカクテルにする発想は
アルチューバーの部屋渾身のオリジナル！
うれしいほどカンタンに作ることができる
ファンタジックなドリンクです。

焼きいもバニラアイスカクテル

⊙ ノンアルコールあり　⊙ ブレンド

グラスの中は
大好きな
スイートポテト

材料（1杯分）

バニラアイスクリーム …… 60g
焼きいも …………………… 60g
アマレット ……………… 15mℓ
牛乳 ……………………… 70mℓ
インスタントコーヒー（飾り用）
……………………………… 少量

焼きいもは皮をむく。飾り用
以外の材料をブレンダーに
かける。グラスに入れ、イン
スタントコーヒーを飾って、
ストロー2本を差す。

※ノンアルの場合は、アマレット
をアマレットシロップ10mℓに代
える。他の材料と分量は同じ。

＼デキタヨー／

焼 きいも感が十分に感じられるレシピです。焼きいもは裏ごしをしな
くてもきれいに混ざります。お酒はアマレット以外に、卵のリキュー
ルであるアドヴォカートやティーリキュールに代えてもよく、ブランデーで
もおいしいです。牛乳を多めに入れるとあっさりめに、少なくすると濃厚
になります。慣れてきたら、お好みで調整してみてください。

マロンバニラアイスカクテル

⊙ ノンアルコールあり　⊙ ブレンド

> まさに飲む
> モンブラン
> ケーキ！

材料（1杯分）

バニラアイスクリーム ……… 40g
栗の甘露煮 ……………… 80g
ブランデー ………………… 20㎖
牛乳 ……………………… 50㎖
きなこ（飾り用）………… 少量

飾り用以外の材料をブレンダーにかける。グラスに入れ、きなこを飾る。

※ノンアルの場合は、ブランデーを除く。他の材料と分量は同じ。

\デキタヨー/

以前は、生栗を甘いペーストにしてカクテルを作っていましたが、栗の甘露煮を使うとカンタンだと気づきました。しかし、栗の甘露煮はきれいに混ざりにくいので、ブレンダーにかけるときは、状態をよく確認しながら行ってください。写真のような脚つきグラスに入れる場合は、きなこをふる時に汚れないように、グラスの底を紙などで保護しましょう。

125

ミントレモンシャーベットカクテル

⦿ノンアルコールあり　⦿ブレンド

体がシャキッと
する冷たさ&
さわやかさ

材料（1杯分）

レモンシャーベット……100g
ミントの葉………………10枚
ジン………………………15mℓ
レモンジュース…………15mℓ
ミントの葉（飾り用）……2枚

飾り用以外の材料をブレンダーにかける。グラスに入れ、ミントの葉を飾って、ストロー2本を差す。

※ノンアルの場合は、ジンを除く。またはジンの代わりに、ノンアルコールジンをバースプーン1杯加える。他の材料と分量は同じ。

\デキタヨー/

さに「お手軽フローズンモヒート」です。本家のフローズンモヒートを作ろうと思うと、クラッシュアイスを用意しなければなりませんが、このようにシャーベットを使えばその手間も必要ないし、作りやすいのに、まったく失敗しないからいいことずくめです。おいしいので、ぜひトライしていただきたいです。もちろんジンをホワイトラムに代えても結構です。

カルーア抹茶アイスカクテル

▷ノンアルコールあり　▷ブレンド

抹茶とコーヒー
風味が奏でる
異次元の味

材料（1杯分）

抹茶アイスクリーム……140g
コーヒーリキュール
　（カルーア）…………30mℓ
ブランデー………………30mℓ
ピスタチオ（飾り用）…少量

飾り用以外の材料をブレン
ダーにかける。グラスに入れ、
砕いたピスタチオを飾る。

※ノンアルの場合は、ブランデー
を除き、カルーアをエスプレッソ
30mℓとブラウンシュガー大さじ1
に代える。他の材料と分量は同
じ。

デキタヨー

　抹茶には何を合わせようか、とずっと思い悩んでいて、ついに思いついたのがコーヒーでした。抹茶のほろ苦さとコーヒーの苦味をうまくブレンドできないか、というところが発想の原点です。まったく別ものにはなりますが、抹茶リキュールやティーリキュールを合わせてもよいと思います。お酒が強い方には、グラッパもおすすめ。私も大好きなイタリアブランデーです。

荔枝酒とソーダ味アイスキャンディーのカクテル

⊙ ノンアルコールあり　⊙ ブレンド

キュートな味！
なぜか青春を
思い出す

材料（1杯分）

ソーダ味アイスキャンディー…1個

グレープフルーツジュース
……………………30㎖

ライチリキュール
（荔枝酒［ライチチュウ］）…30㎖

マラスキーノチェリー（飾り用）
……………………1個

レモンの皮（飾り用）……少量

飾り用以外の材料をブレンダーにかける。グラスに入れ、マラスキーノチェリーと型抜きしたレモンの皮をピックに刺して飾る。

※ノンアルの場合は、荔枝酒をライチシロップ10㎖に代える。他の材料と分量は同じ。

╲ デキタヨー ╱

子どものときから大好きだったソーダ味アイスキャンディーをカクテルに！ グレープフルーツジュースで苦味をプラスし、グレープフルーツによく合うライチの香りを合わせました。ソーダ味に苦味とフローラルな香りが加わって、ちょっぴり大人のニュアンスが出たのでは？

CHAPTER **6**

定番の
クラシック
カクテル

バーテンダー時代の話

ものづくり好きが高じてバーテンダーに

まずは私がバーテンダーになったわけをお話ししましょう。元は会社員でした。なんでバーテンダーになったかと聞かれると、「酒に溺れて…（笑）」と答えていましたが、あながち間違いではありません。

小さいころから、手芸やDIYなど「何かを作る」ことが大好きでした。高校は「ものづくりができるから」という理由で工業高校を選び、エレキギターの改造やエフェクター（音色に変化をつける機器）作りに夢中になりました。

高校卒業後はメーカーに就職。不器用ながら上司や先輩に恵まれて、プログラマー（ラダー）を務めていました。でも、何かが違う…求めていたことは「ものづくり」なのに…。そんな思いが頭の隅でくすぶっていたのも事実です。

ある日、転機が訪れます。石川県のとある温泉地に半年間の出張をしていたときのことでした。そこは娯楽の量は少ないけれど、飲み屋がたくさんあるところでした（最高です！）。

先輩が誘ってくれた店は、フィリピンパブ。そこが私の初めてのバー体験でした。

テンションの高いお姉さまたちの「シャチョサーン！」「オニィサーン！」に囲まれながらひたすら水割りを飲んでいたのですが、ふと奥のカウンターを見ると、ひとりの年輩のバーテンダーさんが黙々とドリンクを作っていました。別の日に、また先輩と同じパブへ行き、今度はカウンターに座りました。そこで初めて、ジントニックを注文！

今まで飲んできたものとはまるで違う、衝撃的なおいしさでした。感激のあまり、そのバーテンダーさんに「なんでこんなにおいしいのか」「他にもおいしいカクテルがあるのか」など、夢中で質問を浴びせかけました。バーのしきたりも何も知らない私に、彼は笑顔で答え、カクテルレシピのメモまで渡してくださいました。

それを自宅に持ち帰って作り、またお店に行って教えてもらう。カクテルとの出会いは、そんなバーテンダーさんとの出会いでもありました。

バーテンダーになりたい。しかし、私は話し上手でもなければ聞き上手でもない…。バーテンダーになれるだろうか？ 悩んだ末、ふと思いました。仮に30代や40代でやりたくなったときに果たしてできるだろうか…？ それなら20代で挑戦したほうがいいのではないか？

わたしは会社を辞め、バーの扉を叩きました。そこから8年ほど、バーテンダーとして働くことになります。

バーテンダーはバーテンとは違う

まず教わったのは、「バーテンダー」を「バーテン」と呼んではいけないということです。昔に比べるとだいぶマイナスな印象がなくなったとはいえ、この職業はアングラで怪しいと思われる方が少なくありません。「バーテン」という言葉は、「バー」と「フーテン」を組み合わせた造語で、差別的な意味合いをもっています。

バーテンダーになるためには、技術と知識が必要です。私が入ったお店では、新入りはお客さんに水も注いではいけません。水といえども、常温、氷入り、白湯というように種類があるのはもちろん、出し方を間違えると「（飲みすぎで）もう帰れってことか？」と受け取られかねません。お客さんからの認知と信頼を最低限積み上げて初めて、水を提供することができるのです。

ソーダを目分量で正確に量るために、ワインの量をぴったり注ぐ練習を繰り返したり、ライムの苦味を出さないように搾る練習をしたり、お酒の知識を詰め込んだり…水割りやカクテルを任されるようになる前に、取得しなければならないことがたくさんありました。

バーカウンターの前ではみんなが平等

お客様は日本以外の国々の方も多く見えました。興味深かったのは、欧米人と日本人とでは頼むカクテルがまるで違ったことです。

欧米の方は、男女を問わず、食前酒にウイスキーや強いカクテルを注文されます。マンハッタンやギムレットなど、王道のショートカクテルを頼む方も多くいらっしゃいました。

一方、日本の方は、特に女性のお客様ですが、フルーツカクテルを楽しまれることが多かっ

たように感じます。エスコートする男性はジントニックや好きな銘柄のハイボール…そんな光景もしばしば見かけました。

　いつも同じカクテルを頼まれる常連さん、毎回違う女性を同伴される男性（もちろん黙っています…笑）、たまたま隣り合わせた学生と大企業の社長が乾杯したり、本当に多種多様な方々が集っていました。

　人種も、ジェンダーも、肩書きもなく、みんなが楽しめるところ、そこがバーという場所のすばらしさだと思います。同時に、そうした場を作り上げてきた先人たちを心から尊敬したいです。

　その後、閣下（妻）と出会い、いろいろあって動画クリエイターになるわけですが、それはまた別の機会にお話しできれば！

Classic Cocktail

Martini

【マティーニ】

材料(1杯分)

ジン	60㎖
ドライベルモット	5㎖
オレンジビターズ	1滴
レモンの皮	そぎ切り1枚
オリーブ(塩抜きする)	1個
氷	適量

ミキシンググラスに氷をセットし、水少量(分量外)を全体にかけるように入れて10回ほど回し、水を捨てる。ジン、ドライベルモット、オレンジビターズを入れて混ぜ、ストレーナーでこしてグラスに注ぐ。最後にレモンの皮を軽く押し曲げて精油を飛ばし(香りづけ)、オリーブを加える。

私も大好きなカクテルです。シンプルであるがゆえにおいしく作るのが極めて難しく、別名「カクテルの王様」と呼ばれています。

カクテルの味の基本は、「甘味」「酸味」「アルコール度」の3つの要素で構成されていますが、マティーニには甘味も酸味もほとんどありません。材料も作り方も非常にシンプルで、バーテンダーの腕前がこれでもかというほど浮き彫りになります。アルコール度数もなかなか高め。それだけに、熟練の技で完成されたマティーニの味はまさに格別で、他のどのカクテルでも絶対表現できない、忘れられない美しさがあります。

まれに記憶が飛んでしまうのが玉にキズではありますが…。

Manhattan

【マンハッタン】

材料（1杯分）

- バーボン……………………50㎖
- スイートベルモット……15㎖
- アンゴスチュラビターズ
  ……………………………1滴
- オレンジの皮…そぎ切り1枚
- マラスキーノチェリー
  （軽くふいておく）……1個
- 氷………………………適量

ミキシンググラスに氷をセットし、水少量（分量外）を全体にかけるように入れて10回ほど回し、水を捨てる。バーボン、スイートベルモット、アンゴスチュラビターズを入れて混ぜ、ストレーナーでこしてグラスに注ぐ。最後にオレンジの皮を軽く押し曲げて精油を飛ばし（香りづけ）、マラスキーノチェリーを加える。

アメリカのマンハッタンに沈む夕日をイメージして作られたともいわれるカクテルです。それだけに色味がとても鮮やか。

マティーニが「カクテルの王様」なら、こちらは「カクテルの女王」。作り方はベルモットのバーボン割りですが、その名では味気ない。マンハッタンと呼ばれると、急に「世界観」が広がります。名前って大事です。

少し強いカクテルですが、ひと口飲むと、どこか懐かしいような温かみが感じられます。カクテルから広がる、こうしたイメージを大切にしたいと、個人的にはいつも考えながら作ったり飲んだりしています。

Gin and Tonic
【ジントニック】

材料（1杯分）

ジン……………………40㎖
ライム（8等分切り）……2切れ
トニックウォーター……75㎖
ソーダ……………………45㎖
氷………………………適量
ライムの輪切り（飾り用）…2枚

グラスにジンを入れ、ライムを
搾り入れる。トニックウォーター、
ソーダの順に注ぎ入れて軽く混
ぜる。最後に氷を静かに入れ、
ライムの輪切りを差し込む。

バーテンダーの「名刺」と
もされるカクテルです。私
にとってはバーにハマったきっ
かけでもあります。

「ジントニックを頼めば、そ
のバー全体の味がわかる」
と、修業先の先輩に教えて
いただき、休日はジントニッ
クを飲み回ったり、先輩が
搾り終わったライムを拾って
研究したり…（笑）。

おいしく作るコツはいくつ
もあるのですが、なかでも
ライムの搾り方ははずせま
せん。搾りすぎると渋味が
出るし、弱いと果汁が足り
ません。

どこの店も味は同じに思
われがちですが、そこにバー
のエッセンスが隠れている点
に注目してください。

Gin Fizz

【ジンフィズ】

材料（1杯分）

ジン 40ml
レモン汁 ..... 1/2個分（約15ml）
シュガーシロップ
......バースプーン2と1/2
ソーダ 70ml
氷 .... 適量

シェーカーにソーダと氷以外の
材料を入れてシェイクし、グラス
に注ぐ。ソーダを注いで軽く混
ぜ、最後に氷を静かに加える。

ジントニックと大きく違うのは「シロップ（砂糖）を加える」こと、「シェイクする」こと。

これもバーテンダーの実力が浮き彫りになるカクテルなので、作るときは緊張しますが、個人的には好きなため、つい頼んでしまいます（すみません…）。

シロップを気持ち多めに入れ、しっかりシェイクして甘味を引きのばします。その味を大切にソーダは少なめ。さっぱりと仕上げてもおいしいのですが、少しレモンサワーっぽくなります。

今回は腰を据えてじっくり飲むように、骨太な味をイメージしています。

Spumoni
【スプモーニ】

材料（1杯分）

カンパリ...................35㎖
グレープフルーツジュース
..............................60㎖
トニックウォーター......45㎖
氷..............................適量

グラスに氷を入れ、カンパリとグレープフルーツジュースを加えて30〜40回混ぜる。トニックウォーターを注ぎ、軽く混ぜる。

黄金レシピである「モーニ系」のルーツ。カンパリを他のお酒に差し替えるだけで七色の変化を楽しめます。イタリア生まれのカクテルで、世界中で根強い人気があります。その特徴はなんと言っても苦味。カンパリ、グレープフルーツジュース、トニックウォーターすべてに軽い苦味があるのです。しかし意外なほどに飲みやすく、カクテルとしてのバランスが成り立っています。アレンジでピンクグレープフルーツジュースにするのが、目下、マイブーム…。材料であるカンパリは今でもイタリアで人気らしく、現地へ旅行で行った際にもよく飲みました。また行きたいな。

Salty Dog

【ソルティドッグ】

材料（1杯分）

ウォッカ……………30㎖
グレープフルーツジュース
………………………90㎖
氷…………………適量
レモン（スノースタイル用）
………………………1/2個
塩（スノースタイル用）
………………………適量

グラスにスノースタイルで塩をつける（⇒P65）。氷を入れ、ウォッカとグレープフルーツジュースを加えて何回か混ぜる。

ウォッカのグレープフルーツジュース割りと言ってしまえばそれまでですが、アレンジがいろいろできます。だいぶ雰囲気が違うカクテルになります。

スノースタイル用の塩をあらかじめフライパンで炒っておくと、サラサラになるだけでなく、グラスにつきすぎないため塩味がマイルドになります。ここでは、塩をグラス半分だけにつけるハーフムーンスタイルにしました。こうすると、塩のありなし両方を楽しむことができます。ちなみに塩をそのままカクテルに入れ、ウォッカではなくジンを使ってシェイクするオールドスタイルもおいしいですよ。

Mojito

【モヒート】

材料（1杯分）

ライム（一口大に切る）
······················ 1/2個
ミント ····················· 1つかみ
砂糖 ······················· 大さじ1
ホワイトラム ············ 30㎖
ソーダ ····················· 80㎖
クラッシュアイス ······· 適量
ライムの輪切り（飾り用）··· 2枚
ミント（飾り用）··········· 適量

グラスにライムとミントを入れ、
砂糖を加えてすりこぎでしっか
りつぶす。ホワイトラムを加え、
クラッシュアイスを敷き詰める。
ソーダを注ぎ入れて、バース
プーンで突き刺すようにしてよく
混ぜ、ライムの輪切りを差し込
み、ミントを飾る。

夏のイメージがありますが、今では季節を問わずオーダーが入る人気カクテルのひとつです。

あくまで個人的感想ですが、カクテル界の異端児だと思っています（笑）。というのも、ライムやミントを荒々しくつぶすし、炭酸を弾き飛ばすようにガシャガシャと混ぜる…。シェイクやステアなど、丁寧に「混ぜる」ことを基本にしてきたカクテル業界にとって、モヒートの登場は衝撃だったのではないでしょうか？

お店によって、砂糖やミントの種類が違っていたり、シェイクをしたり、アレンジはさまざまです。

Moscow Mule

【モスコミュール】

材料（1杯分）

ウォッカ	30mℓ
ライム（8等分切り）	1切れ
すりおろししょうが	1g
ジンジャーエール	100mℓ
氷	適量
ライムの半月切り（飾り用）	2枚

グラスにウォッカを入れ、ライムを搾り入れて、すりおろししょうがを加え、よく混ぜる。ジンジャーエールを注いで軽く混ぜ、氷を静かに加える。ライムの半月切りを差し込む。

居酒屋でも出てくるくらいの人気カクテルですが、お店によっていろんなアレンジがあっておもしろいです。切ったしょうがをウォッカに漬け込んでみたり、辛口のジンジャーエールにしてみたり…。勉強のため各地のバーを回っていたときに忘れられなかったのは、しょうがをなんと2年（！）も漬け込んだ特製ウォッカで作るモスコミュール。他にも乾燥ごぼうを漬け込んでいる店があったりして、カクテルの奥深さを考えさせられたものです。

さすがに今から2年漬け込むわけにはいきませんので、今回はすりおろししょうがを少し入れてビリリとさせています。

Classic Cocktail

Balalaika
【バラライカ】

材料（1杯分）

ウォッカ………………………40㎖
ホワイトキュラソー
　（コアントロー）……15㎖
レモン汁………………………13㎖
氷………………………………適量

シェイカーに材料すべてと氷を
入れる。苦味が出てしまうため、
レモンは搾り器であまり強く搾ら
ないようにする。シェイクしてグ
ラスに注ぐ。

なぜかネット上でたいへん高い知名度を誇るカクテルです。語源はバラライカというロシアの楽器。カクテルグラスをしたロシアの楽器。カクテルグラスを逆さにするとバラライカに見えることから、名づけられたようです。

コアントロー＆レモン汁は黄金レシピと言ってよく、追加するお酒次第で、違うカクテルになります。ブランデーなら「サイドカー」、ジンなら「ホワイトレディ」といった具合に。

そういえば初めてシェイクしたカクテルは、バラライカでした。ひと口飲むと、レモンの苦味を抑えるために悪戦苦闘していた修業時代の記憶がよみがえります。

XYZ

【エックス・ワイ・ズィー】

材料（1杯分）

ホワイトラム……………40㎖
ホワイトキュラソー
　（コアントロー）……16㎖
レモン汁…………………12㎖
氷…………………………適量

シェーカーに材料すべてと氷を
入れる。苦味が出てしまうため、
レモンは搾り器であまり強く搾ら
ないようにする。シェイクしてグ
ラスに注ぐ。

かなり独特な名前のカク
テルです。甘味と酸味が完
璧なまでに整った、すばら
しいレシピです。「これ以上
のものはもう存在しない最
高のカクテル」を意味し、
アルファベットの最後3文字
であるXYZを取って名づ
けられています。Zより後
の文字はありませんからね。
バラライカ同様、兄弟もた
くさんいます。

その名のとおり、シメに
頼まれることも多いカクテ
ルです。おいしすぎて "飲
み直し" してしまうことも、
しばしばあったり…（笑）
もうお気づきかもしれま
せんが、この本でご紹介す
る "最後" のカクテルもまた、
XYZになります。

おわりに

今でもまだ夢のような気持ちです。こんな自分が本を出せるなんて、ひと昔前は想像すらしていませんでした。
お手に取っていただけただけでなく、最後のページまで読んでいただけるとは……感謝しかありません。

私はお酒も音楽もゲームもレストランもYouTubeを見るのも大好きです。
それらは一見「存在しなくても生きていける不必要なもの」にも見えます。幸い日本にいて飢えることは稀です。別になくたって死にはしません。

それでもやはり、日を重ねるごとに思うのは、真逆のことです。
毎日誰かがスーパーに食料を並べてくれないと食事がとれないように、「心の食事」も誰かが作っていかないといけません。

自分で自分の心のエネルギーをすべて賄うのはかなり難しいです。独りでは生きていけません、精神的にも。
そのためにも、やはり、いろんなエンターテインメントの力というのは絶対必要とされている、そう確信しています。

この本がひとりでも多くの方の「心の食事」のひとつになれたのなら、とてもうれしいです。

最後に本書の発行にあたり、企画をしてくださったKADOKAWAの篠原様、波多野様、構成の遠田様、カメラマンの矢野様、フードコーディネーターの好美様、BitStarの三澤様、山田様、関わってくださったすべてのみなさまと、いつも支えてくれる閣下（妻）へ、
本当にありがとうございました。

アルチューバーの部屋

3ステップで混ぜるだけ！
おうちカクテル入門

2024年2月29日　初版発行

著　者　アルチューバーの部屋
発行者　山下直久
発　行　株式会社KADOKAWA
　　　　〒102-8177 東京都千代田区富士見2-13-3
　　　　電話 0570-002-301（ナビダイヤル）
印刷所　大日本印刷株式会社
製本所　大日本印刷株式会社